Der erste Weltkrieg – wem nützte er?

Wenn das Geld – so überliefert uns Karl Marx – mit natürlichen Blutflecken auf einer Backe zur Welt kommt, so ist das Kapital* von Kopf bis Zeh, aus allen Poren blut- und schmutztriefend.

Und er zitiert den Satz eines seiner Zeitgenossen, des Publizisten und Gewerkschaftsfunktionärs P. J. Dunning:

„Mit entsprechendem Profit* wird Kapital kühn . . .
für 100 Prozent stampft es alle menschlichen Gesetze unter seinen Fuß; 300 Prozent, und es existiert kein Verbrechen, das es nicht riskiert.“

Wer die Entstehung des Faschismus in Deutschland verstehen will, muß weit zurückblicken in die Geschichte.

Schon früh in diesem Jahrhundert, seit seinem Beginn und noch einige Jahre davor, gab es solche kühnen Sätze:

„Das deutsche Volk braucht einen Platz an der Sonne.“
„Das deutsche Volk ist auf Rohstoffe angewiesen.“
„Das deutsche Volk ist von Natur aus zu Besonderem berufen.“

Wer braucht einen Platz an der Sonne?
Wer ist auf Rohstoffe angewiesen?
Wer ist zu Besonderem berufen?

Der?   Die?

Oder Diese?

Oder Der? Der?

nach sämtl. Hafen
u. Harburgs.
Lustfahrten
speciell für
Geöffnet v. 5½ Uhr Morg-Abds. 8 Uhr
Teleph. Gr. I. 2896.

Oder Der?

Müßte es nicht wahrheitsgetreuer heißen:

„Ich brauche einen Platz an der Sonne"
„Ich bin auf Rohstoffe angewiesen"
„Ich bin von Natur aus zu Besonderem berufen"

Aber, wenn es so hieße, gingen dann

Die? Oder

Die mit ihnen?

Es ging den deutschen Herren in Wirklichkeit schon damals, an der Wende vom 19. zum 20. Jahrhundert, um:

Rohstoffe, Industrieanlagen, Exportmärkte, Investitionsgebiete* von Frankreich bis Rußland, von Dänemark bis zur Türkei!

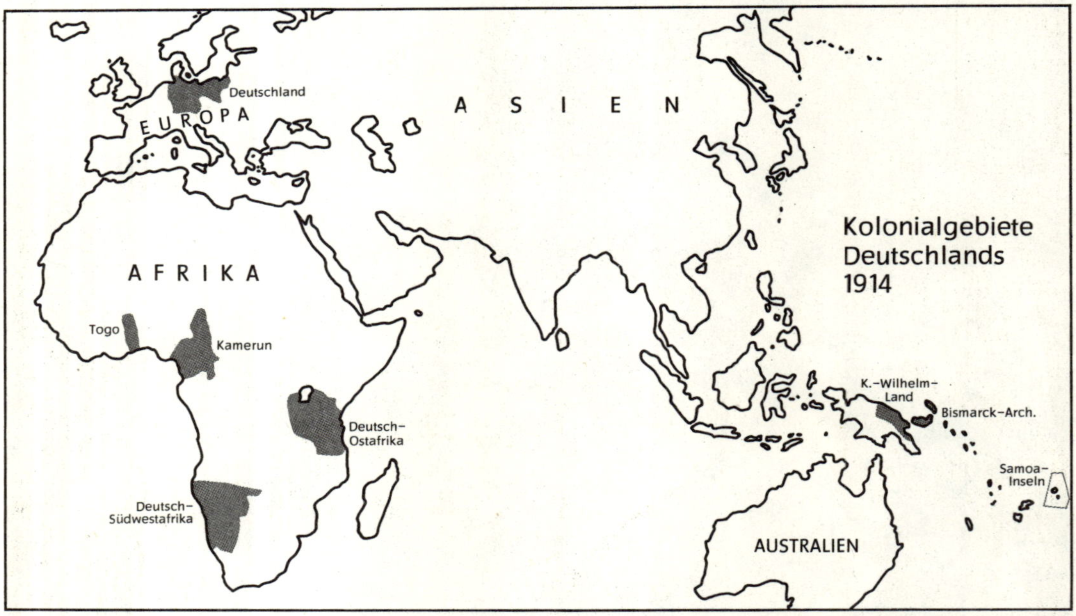

Natürlich waren nicht nur die deutschen Kapitalisten auf Märkte aus. Auch die in England, Frankreich, den USA, Rußland, Japan wollten Rohstoffe, Erdöl, zum Beispiel. Auch sie wollten ihre Waren, ihre Erfindungen „an den Mann“ in anderen Ländern bringen.

Die deutschen Imperialisten aber waren zuletzt gekommen. Seit der Gründung des Deutschen Reiches im Jahre 1871 gab es einen Aufschwung der kapitalistischen Produktion. Die bis dahin industriell stärkeren Länder wie England und Frankreich waren in den achtziger Jahren des vorigen Jahrhunderts eingeholt. Zum Beispiel werden 1890 2,2 Mill. t Stahl hergestellt. Damit nimmt Deutschland den dritten Platz hinter den USA (4,3 Mill. t) und England (3,6 Mill. t) ein. Und nun sind die deutschen Kapitalisten bestrebt, ebenfalls an der Weltmacht teilzuhaben und in anderen Erdteilen Land – und damit Rohstoffe – zu besitzen.

Im Jahre 1884 wird dann auch erstmalig Eigentum eines Bremer Kaufmanns, Adolf Lüderitz, in Angro-Peguma – unter den „Schutz“ des Deutschen Reiches gestellt.

Später, in den neunziger Jahren, wenden sich die Kapitalisten unter anderem nach Asien. Im Jahre 1897, genau gesagt am 14. November 1897, besetzten

deutsche Truppen die chinesische Stadt Kiautschau (heute: Jiaozhou). Am 6. Dezember des gleichen Jahres spricht der Fürst Bernhard Bülow vor dem Reichstag über diese Besitzergreifung und formuliert: „Wir sind gern bereit, in Ostasien den Interessen anderer Großmächte Rechnung zu tragen, in der sicheren Voraussicht, daß unsere eigenen Interessen gleichfalls die ihnen gebührende Würdigung finden.

Mit einem Wort: Wir wollen niemand in den Schatten stellen, aber wir verlangen auch unseren

Platz an der Sonne . . ."

Nach Ansicht des Kaisers Wilhelm II. sollte Deutschlands Zukunft „auf dem Wasser" liegen. Darum wurde vor allem die Flotte vergrößert und modernisiert.

„Ein Panzerkreuzer, wenn auch im Fragmente,
besetzt mit unsrer blauer Jungen stolzer Pracht –
das ist der beste Geldschrank für die Rente,
die unsre Kolonien uns erbracht."

Unsere Zukunft liegt
auf dem Wasser
Kaiser Wilhelm II. mit seinem Enkelchen

Angesichts solcher Haltungen und solcher Zielstellungen erkannte schon 1887 einer der klarsichtigsten Denker Deutschlands, Friedrich Engels:

Friedrich Engels

„Und endlich ist kein andrer Krieg
für Preußen-Deutschland mehr möglich,
als ein Weltkrieg, und zwar ein Weltkrieg
von einer bisher nie geahnten Ausdehnung
und Heftigkeit.
Acht bis zehn Millionen Soldaten werden
sich untereinander abwürgen und dabei
ganz Europa so kahlfressen wie noch nie
ein Heuschreckenschwarm. Die Verwüstungen des Dreißigjährigen Krieges
zusammengedrängt in drei bis vier Jahre
und über den ganzen Kontinent verbreitet;
Hungersnot, Seuchen, allgemeine, durch
akute Not hervorgerufene Verwilderung
der Heere wie der Volksmassen;
rettungslose Verwirrung unseres
künstlichen Getriebes in Handel, Industrie
und Kredit, endend mit allgemeinem
Bankrott; Zusammenbruch der alten
Staaten und ihrer traditionellen
Staatsweisheit, derart, daß die Kronen
zu Dutzenden über das Straßenpflaster
rollen und niemand sich findet, der sie
aufhebt ..."

Nach dem ersten Weltkrieg wurde von einem Autor, der die Politik des imperialistischen Deutschland verherrlichte, geschrieben:

„Der Grundsatz, der die deutsche Flottenpolitik vor dem Kriege beherrschte, war, mit wenigen Worten ausgedrückt, der folgende:

Deutschland muß zum Schutz seiner Kolonien und zur Sicherung seiner Stellung als Welthandelsvolk eine so starke Flotte bauen, daß ähnlich wie auf dem Lande jeder Gegner das Risiko eines Angriffs scheut."

Lesen wir im Buch „Sperrfeuer um Deutschland" desselben Autors Werner Beumelburg eine Beschreibung der „Taten" des Kreuzers „Emden" im August 1914, also zu Beginn des ersten Weltkrieges:

„Die Sage vom Fliegenden Holländer wird im Indischen Ozean lebendig. Bald versenkte die ‚Emden' einen russischen Dampfer in den japanischen Gewässern, bald erscheint sie im Meerbusen von Bengalen, bald ist sie vor Madras. Bald bei Malakka. Bald landet sie ein Kommando, um an Land Zerstörungen vorzunehmen, bald versenkt sie ein Handelsschiff, bald schießt sie sich mit feindlichen Kreuzern herum, bald krachen ihre Granaten in den Öltanks der Häfen und verursachen riesige Brände.
Der gesamte Handel stockt. Die Kapitäne der Handelsschiffe weigern sich, ohne Schutz auf See zu gehen. Die Speditionsfirmen wollen keine Güter mehr verfrachten. Die Versicherungsgesellschaften streiken. Engländer und Japaner schicken einen Kreuzer nach dem anderen. Es gelingt nicht, diesen raschen Teufel zu fangen. Ein vorzüglicher Nachrichtendienst, der von aufgefangenen Funksprüchen und von den Vernehmungen der gekaperten Schiffsleute lebt, zeigt immer wieder das Loch, durch das man verschwinden kann. Die Schädigungen des feindlichen Handels gehen in die Millionen."

Hier nun ist offen ausgesprochen, wozu die Deutschen „aufs Wasser" sollten. Wohin die räuberischen Absichten der auf Ländereien und Rohstoffe gierigen Imperialisten am Ende führten:

Zum Kriege.

Zunächst zitieren wir noch einmal aus einem anderen Buch. „Skagerrak*: Der Ruhmestag der deutschen Flotte":

„. . . Schauerlich schön ist das Bild, das sich draußen entrollt. In dichte Wolken von Pulverdampf gehüllt, sausen die stählernen Riesen dahin. Tod und Verderben zucken die Blitze, die ununterbrochen aus den Schwaden hervorbrechen. Das Jüngste Gericht scheint da zu sein. Ein Tosen, ein Brüllen erfüllt ringsum die Luft. Asenkampf! Mit donnerndem Krach bricht hier ein Mast nach Deck herunter. Wie Papier fegt eine deutsche Granate den mächtigen Schornstein eines englischen Linienschiffes hinweg. Als sei es dünnes Blech nur, dringen sie in englischen Stahl, speien Tod und Verderben in das Innere. Siedend heißer Dampf zischt aus zerschossenen Leitungsrohren. In heftigem Krampfe bäumen sich zu Tode getroffene Leiber. Keine Gnade. Der Tag des Triumphes, die Stunde der Abrechnung!"

Diese Schilderung erschien ohne Autorenangabe im Jahre 1916. Ob sie die Leser in ebensolche Begeisterung versetzte wie den Schreiber?

Gebet
während
der
Schlacht
Gott, ich erkenne dich!
So im herbstlichen Rauschen
der Blätter,
Als im
Schlachtendonnerwetter.
Urquell der Gnade,
erkenne ich dich,
Vater, du segne mich!

Oder dieser Auszug: Er wurde einem Bändchen „Douaumont“ von Werner Beumelburg entnommen. Douaumont war ein Fort der Festung Verdun in Frankreich.

„. . . Im Morgengrauen des 24. Oktober, um 7.30 Uhr, bewegt sich ein seltsamer Zug aus dem Nordwesteingang des Douaumont auf das Nordglacis hinaus. Immer zwei Gestalten tragen zwischen sich eine Bahre. Stolpern . . . setzen ab . . . verschnaufen . . . erbrechen sich . . . fassen wieder zu und wanken weiter. Die Maschinengewehre haben sie nicht mitnehmen können. Alle Hände sind nötig zum Tragen der Verwundeten. Man hat die Gewehre unzerstört im Fort gelassen. Denn noch hofft man, daß das Fort wieder von den Deutschen besetzt werden wird. Bestimmt rechnet man mit dem Eintreffen deutscher Verstärkungen noch im Laufe dieses Tages. Und diese Hoffnung erleichtert den schweren Gang etwas . . . Der kleine Trupp, der am 24. das Fort verließ, umfaßt jedoch nicht die letzten Deutschen, die der Douaumont barg. Außer den Hunderten von Toten, denen, die im Mai dran glauben mußten, und denen, die der furchtbaren Beschießung im Lazarett und im Pionierdepot zum Opfer gefallen, blieben noch zwei Versprengte von der 9. Kom. Res. Inf. Reg. 90 im Fort, die keine Kenntnis vom Abmarsch der anderen erhalten hatten. Sie saßen noch am 25. in der Frühe in der Nordwestgrabenstreiche, starrten in den Nebel, suchten sich vor dem unvermindert heftigen Artilleriefeuer zu schützen. Sie hatten sogar ein Maschinengewehr bei sich, konnten es aber nicht bedienen. Da sie keinen Befehl zur Räumung hatten, blieben sie eben. Muster deutscher Soldatenpflicht . . .“

Doch genug der Verherrlichung von Schrecken, Aggressionen, Leiden!

Entnehmen wir nüchternen Zahlen, wie viele die Rechnung begleichen mußten, die die Herren der Fabriken und Banken aufgemacht hatten:

	Mobilisierte	Tote
Deutsches Reich	13 250 000	1 900 000
Österreich-Ungarn	9 000 000	1 100 000
Frankreich	8 100 000	1 500 000
Großbritannien	8 300 000	700 000
Rußland	15 000 000	2 300 000
Italien	5 600 000	500 000
USA	3 900 000	125 000

Insgesamt: 10 000 000 Tote
20 000 000 Verkrüppelte und Verwundete

Die Hälfte aller gefallenen Deutschen

war zwischen 19 und 25 Jahre alt.

Die Einschätzung von Friedrich Engels aus dem Jahre 1887 hatte sich schrecklich bewahrheitet:

„. . . und zwar ein Weltkrieg von einer bisher nie geahnten Ausdehnung und Heftigkeit. Acht bis zehn Millionen Soldaten werden sich untereinander abwürgen und dabei ganz Europa so kahlfressen wie noch nie ein Heuschreckenschwarm. Die Verwüstungen des Dreißigjährigen Krieges zusammengedrängt in drei bis vier Jahre und über den ganzen Kontinent verbreitet . . .“

Doch noch während des ersten Weltkrieges – 1917! – heißt es in einem Dokument:

„. . . Der Charakter des jetzigen Krieges bringt es mit sich, daß mit der Möglichkeit eines raschen Wiederauflebens der Feindseligkeiten noch geraume Zeit nach dem Abschluß des Friedens zu rechnen ist. Im besonderen hat sich die Heeresverwaltung darauf einzurichten, daß vielleicht wiederum England sich unter unseren Feinden befindet und daß wir dann wieder vom Seeweg abgeschnitten sein werden. Ebenso ist damit zu rechnen, daß ein neuer Krieg vielleicht noch einmal eine ganze Welt von Feinden gegen uns die Waffen stellt, daß also dann unsere ganze Bevölkerung in den Dienst der Kriegsführung zu stellen ist.“

Protokoll der Kriegsrohstoffabteilung des Mansfeld-Konzerns.
August 1917.

Immer wieder: **Krieg!**

Krieg um Rohstoffe,
um Investitionsanlagen, Exportmärkte,
um Investitionsgebiete!
Krieg um Kolonien!

Die Kathedrale in Peronne (Somme)
nach der Beschießung.
phot. Berge
1581

Die Ueberreste der Stadt Brest-Litowsk
die vor dem Brande 56000 Einwohner zählte und jetzt ganz verlassen ist.

ABENDESSEN
Hauptquartier Ost
2. Oktober 1917.

Speisenfolge

Kraftbrühe mit Einlage

Sherry — 1911er Lieserer Niederberg
1911er Château Labarde

—

Krebsschwänze in Dill mit Reis

—

Kalbsbraten mit jungen Gemüsen
und Kartoffeln

Schultz Grünlack

—

Eisbombe mit Gebäck

1914er Macon

—

Obst

—

Kaffee

„Der Krieg ist mir wie eine Badekur bekommen.“

Dieser Mann und dieser Name wird im Verlauf der deutschen Geschichte unseres Jahrhunderts noch mehrfach zu nennen sein. Doch nicht alle empfinden den Krieg wie jener Kaiserliche Generalfeldmarschall Paul von Hindenburg. Zwei Beispiele mögen ausreichen, daß wir eine Vorstellung davon bekommen, wie die Mehrzahl des Volkes ihn empfand. Zunächst ein Bericht aus dem Erzgebirge vom 27. Mai 1918:

„... Es herrscht hier aber auch eine Not, die ich mir nicht vorgestellt. In Ortschaften mit überwiegender Industriebevölkerung ist die Hungersnot. In zehn

Tagen bekommen sie 1 kg Kartoffeln, das macht pro Tag zwei Kartoffeln, sehr wenig Brot, die Menschen verhungern langsam. Tatsächlich kommen Hungertodesfälle vor. Auch herrscht hier in mehreren Dörfern der Hungertyphus. Das Elend ist hier groß. Die Dörfer mit reiner Landwirtschaft werden von Scharen Bettlern durchzogen, die natürlich nicht viel erreichen, weil hier ein kleiner Bauernstand besteht. Sie können sich von diesem Elend keine Vorstellung machen, und man kann es auch nicht beschreiben. Sehr viele Fälle, wo die Leute auf der Straße tot umfallen, sind zu verzeichnen. Wo soll das hinführen? Wenn noch ein Jahr Krieg ist, wird die Bevölkerung hier zugrunde gerichtet sein."

Und im Herbst schreibt die Künstlerin Käthe Kollwitz an eine Freundin:

„... Der Winter, vor dem graut man sich. Soll der Krieg immer noch weitergehen? Was sieht man hier oft schon für Kinder, Haut und Knochen und blaß und sterbenshungrig im Gesicht. Und jeden einzigen Tag, jeden Tag — sterben von neuem junge Menschen.... es ist bald nicht mehr zum Aushalten."

Begeistert war die Masse des Volkes über den Krieg keineswegs. Anfängliche nationalistische* Gefühle des Triumphes bei Siegen, der erste Jubel waren rasch verebbt. Der Hunger, eine der härtesten Ruten in der Heimat, löste Krawalle und Streiks aus. Ab 1916 gab es die meisten Waren auf Zuteilung oder gar nicht. Und der Winter 1917/18 erhielt sogar nach der meist verzehrten Frucht seinen Namen:

Kohlrübenwinter.

So war die Lage der Bevölkerung in der Heimat zum Ende des Krieges, der vom 1. August 1914 bis zum 9. November 1918 dauerte.

Und wie erging es denen, die an den Fronten für die Herrschenden kämpften und fielen?

„... Und während die Kapitalisten und Großagrarier* das leidende Volk auswuchern, alle Lebens- und Bedarfsartikel

Zum Hunger gesellte sich Verzweiflung, wenn der Brief eintraf, den alle Soldatenfrauen fürchteten: die Nachricht vom Tode des Vaters ihrer Kinder.

in unerhörter Weise verteuern, halten sich die Offiziere in ihrer besonderen Weise schadlos. Gute, reichliche Verpflegung, elegante Wohnung, Bekleidung und Beschuhung, dazu hohe Gehälter und Nebenbezüge und Vorrechte aller Art fordern und sichern sie für sich, als wäre es eine Selbstverständlichkeit. Daß dabei wir ‚gemeinen' Soldaten und Unteroffiziere erbärmlich gelöhnt, jammervoll verpflegt und bekleidet werden, meist in elenden Quartieren hausen, das finden die ‚Herren Kameraden' ganz in Ordnung. Denn – ‚wir sind ein einig Volk von Brüdern!'

Dieses Zitat ist einem Aufruf entnommen, der im Sommer 1918 von der „Spartakusgruppe" an die Soldaten unter dem Titel „Kameraden erwacht" ausgegeben wurde.

In der „Spartakusgruppe" hatten sich 1915 linke Sozialdemokraten – zuerst als Gruppe „Internationale" – zusammengeschlossen, um gegen den Krieg und für den Sturz des Imperialismus zu kämpfen. Ihre bekanntesten Vertreter, Rosa Luxemburg und Karl Liebknecht, mußten noch während des Krieges für ihre entschlossene und konsequente Meinung ins Gefängnis.

Bereits 1912, angesichts drohender Gefahr in Europa, warnten die Sozialdemokraten international vor einem Krieg. Und sie beschlossen, den Herrschenden keinerlei Unterstützung zu gewähren. Doch als der Krieg begonnen werden sollte, bewilligten die sozialdemokratischen Abgeordneten des Deutschen Reichstages ausreichende Kredite, damit der Krieg auch geführt werden konnte. Nur ein einziger Abgeordneter wandte sich öffentlich dagegen: Karl Liebknecht. Noch am 2. Dezember 1914 – einen Monat nach Kriegsbeginn – schlug er eine Erklärung gegen den Krieg vor und kennzeichnete ihn so:

„Es handelt sich um einen imperialistischen Krieg, und zwar besonders auch auf deutscher Seite mit dem Ziel von Eroberungen großen Stils."

Weiter hieß es in dem Dokument:

„Indem wir Protest erheben gegen den Krieg, seine Verantwortlichen und Regisseure, gegen die kapitalistische Politik, die ihn heraufbeschwor, gegen die Annexionspläne*, gegen die Unmenschlichkeit der Kriegführung, gegen die Militärdiktatur, gegen die

Karl Liebknecht, im Kreise seiner Familie

politische und soziale Pflichtvergessenheit, deren sich die herrschenden Klassen auch und gerade jetzt schuldig machen, lehnen wir die geforderten Kredite ab."

Rosa Luxemburg

Auch im darauffolgenden Jahr 1915 richteten die mutigen Kriegsgegner ihre Appelle an die Völker. So fand in Bern, in der Schweiz, vom 25. bis 28. März eine Internationale Sozialistische Frauenkonferenz statt. Im Manifest des Treffens hieß es:

„Arbeiterfrauen, Arbeiterinnen! Wem nützt der Krieg? Nur einer kleinen Minderheit in jeder Nation. Zunächst den Fabrikanten von Flinten und Kanonen, von Panzerplatten und Torpedobooten, den Werftbesitzern und den Lieferanten des Heeresbedarfs. Im Interesse ihres Profits haben sie den Haß unter den Völkern geschürt und so zum Ausbruch des Krieges beigetragen. Der Krieg nützt des weiteren den Kapitalisten überhaupt. Hat nicht die Arbeit der enterbten und ausgebeuteten Massen Waren angehäuft, die jene nicht verbrauchen dürfen, die sie erzeugten? Sie sind ja arm, sie können nicht dafür zahlen. Arbeiterschweiß hat diese Waren geschaffen. Arbeiterblut soll ihnen neue Absatzmärkte im Ausland erkämpfen. Kolonialländer sollen erobert werden, wo die Kapitalisten die Schätze des Bodens rauben und billigste Arbeitskräfte ausbeuten können."

Rosa Luxemburg hat an dieser Konferenz nicht teilnehmen können. Sie war bereits am 19. Februar 1915 in Berlin verhaftet und in das Frauengefängnis in der Berliner Barnimstraße gebracht worden.

Trotzdem, „trotz alledem und alledem“

gab die Spartakusgruppe nicht auf. Im Gegenteil, je elender die Situation wurde, um so kräftiger rief sie die Volksmassen auf, dem blutigen Schlachten ein Ende zu bereiten.

„Nur die Arbeitermassen können durch einmütige Erhebung den Schluß des wahnsinnigen Völkermordens erzwingen. Zurück zum internationalen Sozialismus, zur Völkerverbrüderung, zum revolutionären Klassenkampf! – Das ist die einzige Rettung für uns in Deutschland und für die ganze Menschheit.“

Wacht auf! Wacht auf!

Signal! Signal!

Wacht auf! Wacht auf!
Signal!
Signal!
Von Osten kommt's geflogen.
Dort brennt eine Flamme in Petrograd,
Viel tausend Funken die Flamme hat,
Die sind nach Westen gestoben.

Wacht auf! Wacht auf!
Von Osten kommt's
In sausendem Jagen geritten:
Flammrote Funken die Reiter sind,
Sie reiten Galopp auf pfeifendem Wind
Nach Süden,
Nach Süden,
Nach Westen.

Wacht auf! Wacht auf!
Signal!
Signal!
Wir sind die Feuerreiter.
Wir tragen die Flamme von Petrograd
Trotz Tod und Teufel in jede Stadt
Nach Süden und Westen weiter!

F. C. Weiskopf

Die rote Flamme von Petrograd! Sie glüht nach der siegreichen Revolution von 1917 in einem Land der Welt – Rußland. Sie bedeutete für die verelendeten Massen in Deutschland Hoffnung.

Der Funke sprang über.

Jakob Weber, ein Arbeiterschriftsteller und Zeitzeuge, erinnerte sich: „Auf dem Platz vor dem Stettiner Bahnhof war es verhältnismäßig still. Das Tor der Maschinenfabrik Schwartzkopff stand offen, der Hof lag verlassen. Die Chausseestraße jedoch zeigte bewegtes Leben. Vor der Maikäfer-Kaserne wurde die Straße zu eng, um die Massen aufnehmen zu können. Aus den Fenstern der Kaserne schauten viele Soldaten. Es wurde ihnen zugerufen: ‚Der Kaiser ist abgesetzt! Kommt heraus! Macht Schluß! Gebt uns die Waffen! Öffnet das Tor!' Die Soldaten warfen die Patronenrahmen und -gurte heraus. Kom-

mandos wurden hörbar. Ein Offizier gab den Befehl zum Schießen. Die Schüsse wurden mit einem tausendstimmigen Aufschrei beantwortet. Die Menschen drängten auf Sekunden zurück, stauten sich und schoben sich wieder vor. Zugleich antworteten Schüsse aus den ersten Linien der Demonstranten. Das breite Tor öffnete sich. Arbeiter und Soldaten feierten Verbrüderung. Zwischen ihnen hindurch bahnten sich Sanitäter mit Tragbahren den Weg. Sie trugen die Leichen des Jungsozialisten Erich Habersaath und von zwei weiteren Arbeitern hinweg."

An diesem 9. November 1918 beginnt in Berlin mit einem Generalstreik* und Massendemonstrationen unter Führung der Spartakusgruppe und revolutionärer Obleute

die Revolution.

Bereits Ende Oktober war ihr ein Streik von 80 000 Matrosen und Heizern der deutschen Hochseeflotte und in den ersten Novembertagen der Aufstand von 3 000 Kieler Matrosen und Arbeitern vorausgegangen. Und seit dem 3. November breitete sich die revolutionäre Stimmung zunächst in den nördlichen Küstenstädten und dann rasch über ganz Deutschland aus. Bis sie, wie die Beschreibung von Jakob Weber bezeugt, die Hauptstadt Berlin erreicht.

Der bisherige Kaiser Wilhelm II. muß abdanken, er flieht nach Holland. Sein damaliger Reichskanzler, Prinz Max von Baden, übergibt sein Amt dem SPD-Abgeordneten Ebert, und dessen Kollege Scheidemann ruft unter dem Druck der Volksmassen am 9. November um 13.00 Uhr die freie Republik aus.

2. Extraausgabe Sonnabend, den 9. November 1918.

Vorwärts

Berliner Volksblatt.

Zentralorgan der sozialdemokratischen Partei Deutschlands.

Der Kaiser hat abgedankt!

Der Reichskanzler hat folgenden Erlaß herausgegeben:

Seine Majestät der Kaiser und König haben sich entschlossen, dem Throne zu entsagen.

Der Reichskanzler bleibt noch so lange im Amte, bis die mit der Abdankung Seiner Majestät, dem Thronverzichte Seiner Kaiserlichen und Königlichen Hoheit des Kronprinzen des Deutschen Reichs und von Preußen und der Einsetzung der Regentschaft verbundenen Fragen geregelt sind. Er beabsichtigt, dem Regenten die Ernennung des Abgeordneten Ebert zum Reichskanzler und die Vorlage eines Gesetzentwurfs wegen der Ausschreibung allgemeiner Wahlen für eine verfassungsgebende deutsche Nationalversammlung vorzuschlagen, der es obliegen würde, die künftige Staatsform des deutschen Volk, einschließlich der Volksteile, die ihren Eintritt in die Reichsgrenzen wünschen sollten, endgültig festzustellen.

Berlin, den 9. November 1918. **Der Reichskanzler.**

Prinz Max von Baden.

Es wird nicht geschossen!

Der Reichskanzler hat angeordnet, daß seitens des Militärs von der Waffe kein Gebrauch gemacht werde.

Parteigenossen! Arbeiter! Soldaten!

Soeben sind das Alexanderregiment und die vierten Jäger geschlossen zum Volke übergegangen. Der sozialdemokratische Reichstagsabgeordnete Wels u. a. haben zu den Truppen gesprochen. Offiziere haben sich den Soldaten angeschlossen.

Der sozialdemokratische Arbeiter- und Soldatenrat.

Überall in Deutschland werden Arbeiter- und Soldatenräte gewählt, sie sollen die Revolution vorantreiben.

Am 31. Dezember 1918 gründen die Mitglieder der Spartakusgruppe die Kommunistische Partei Deutschlands.

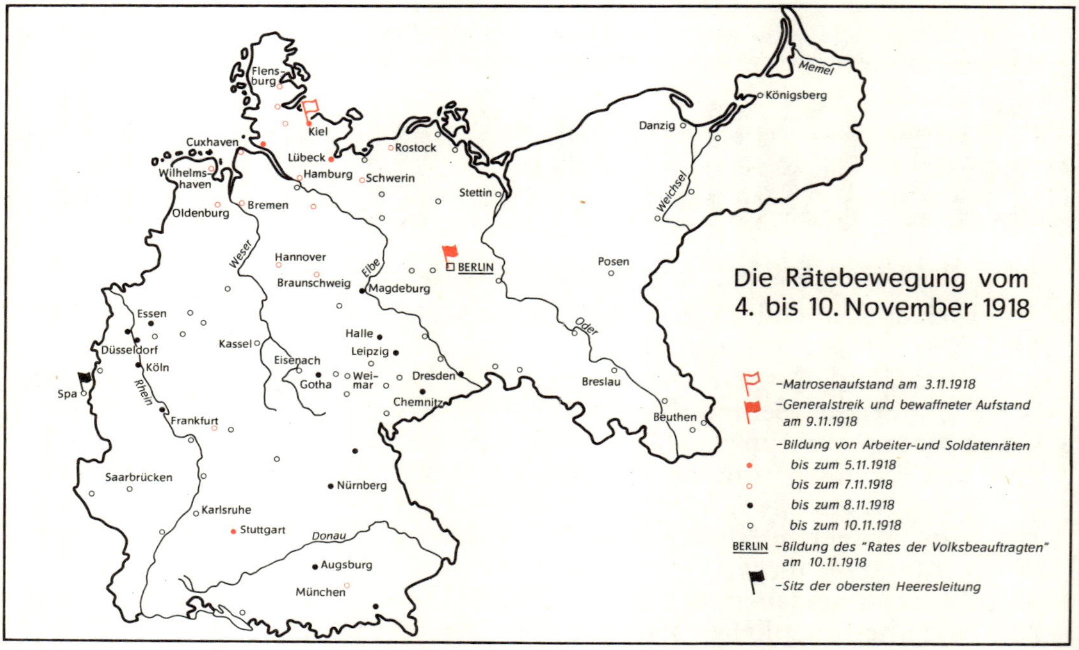

Die Rätebewegung vom 4. bis 10. November 1918

Was aber war zwischen den beiden genannten Daten, jenem 9. November 1918 und dem Gründungstag der Kommunistischen Partei Deutschlands, geschehen? Was taten die Herren, die einst Kredite für den Krieg befürwortet hatten? Bereits am 10. November vereinbarten Ebert und Scheidemann mit der Obersten Heeresleitung Maßnahmen zum Kampf gegen den Bolschewismus*, gegen das Rätesystem*. General Groener berichtete darüber später:

„Wir haben immer abends zwischen 11 und 1 Uhr telefonisch miteinander verkehrt, zwischen der Reichskanzlei und dem großen Hauptquartier ... Zunächst hat es sich darum gehandelt ... in Berlin die Gewalt den Arbeiter- und Soldatenräten zu entreißen. Zu diesem Zwecke wurde eine Unternehmung geplant, der militärische Einzug von 10 Divisionen in Berlin ... Herr Ebert hat selbstverständlich zugestimmt, daß die Truppen mit scharfer Munition in Berlin einrücken. Wir haben für diesen Einmarsch ... ein militärisches Programm ausgearbeitet für die Einzugstage. In diesem Programm war tageweise enthalten, was zu geschehen hätte; die Entwaffnung Berlins, die Säuberung Berlins von Spartakisten ..."

Und ein britischer Militärschriftsteller beschreibt diesen Revolutionstag so:

„Allein, hinter verschlossenen Türen im Arbeitszimmer des Kanzlers, saß Ebert zusammengebrochen in seinem Stuhl. Sein durchschwitzter Kragen und seine unordentlichen Kleider zeugten von den Anstrengungen des Tages. Er war erschöpft ... Durch die Fenster drangen das Johlen und Jubeln der Menge in der Wilhelmstraße und von Unter den Linden Fetzen der ‚Internationale' herüber. Der Kanzler erhob sich und schloß das Fenster. Sein Blick fiel auf das Telefon auf seinem Tisch. Er besaß eine direkte Verbindung mit Spa (eine Stadt in Belgien, wo die obersten Generäle des Kaiserlichen Heeres sich aufhielten; d. Verf.). Wenn ihm nur die Haltung der Armee bekannt wäre. Konnte er sich auf das Offizierskorps verlassen? Plötzlich, wie eine Antwort auf seine Frage, läutete das Telefon. Ebert nahm den Hörer mit zitternder Hand auf. Dann weinte er fast vor Freude ... er hörte ‚Hier Groener'."
Der General, der sich da am anderen Ende der nicht über das zentrale Telefonamt laufenden (also nicht von den Arbeiter- und Soldatenräten kontrollierten) Leitung meldet, ist der Führungskopf der Obersten Heeresleitung.
Die Nachrichten aus der Hauptstadt, aus dem Reich und von der Front haben ihn davon überzeugt, daß es im Moment unmöglich ist, die Revolution mit Waffengewalt niederzuschlagen.

Um dennoch tiefgreifende revolutionäre Umwälzungen zu verhindern und einen künftigen Feldzug gegen die Revolution vorzubereiten, hat er seinem Vorgesetzten, dem Oberkommandierenden Generalfeldmarschall Hindenburg, die „durchaus nicht sympathische Lösung" vorgeschlagen, ein Bündnis mit den sozialdemokratischen Führern zu schließen.

Er zweifelt nicht daran, daß diese Führer gewillt sind, ihren Einfluß für die Erhaltung „geordneter", daß heißt gegen das Rätesystem der Revolutionäre gerichteten Verhältnisse in die Waagschale zu werfen.
Dementsprechend fragt Groener Ebert, ob die neue Regierung bereit sei, zur Aufrechterhaltung der Disziplin im Heere beizutragen, Ruhe und Ordnung im Lande wiederherzustellen und den Bolschewismus zu bekämpfen. Unter diesen Bedingungen, erklärt er, könne sich das Offizierskorps der Regierung zur Verfügung stellen.

Ebert bejahte die Frage.

Es ist ungeheuerlich: Der angebliche Vertreter des Volkswillens unterhandelt mit den alten Herren, den kaiserlichen Generälen. Wessen Ziele die bisher vertraten, ist bekannt.

Wieder sind es die Spartakisten, die klare Worte sprechen.

„Die Revolution hat begonnen. Nicht Jubel über das Vollbrachte, nicht Triumph über den niedergeworfenen Feind ist am Platze, sondern strengste Selbstkritik und eiserne Zusammenhaltung der Energie, um das begonnene Werk weiterzuführen. Denn das Vollbrachte ist gering, und der Feind ist nicht niedergeworfen ..."

Rosa Luxemburg in „Die Rote Fahne" v. 18. 11. 1918

„Ich muß Wasser in den Wein Eurer Begeisterung schütten. Die Gegenrevolution* ist bereits auf dem Marsch, sie ist bereits in Aktion! . . . Sie ist bereits unter uns! . . . ."

Aus der Rede Karl Liebknechts in der Vollversammlung der Berliner Arbeiter- und Soldatenräte im Zirkus Busch 1918

Illusionslos erkannte die Kommunistische Partei Deutschlands:

„. . . Es ist ein toller Wahn zu glauben, die Kapitalisten würden . . . ruhig auf den Besitz, den Profit, das Vorrecht der Ausbeutung verzichten. Alle herrschenden Klassen haben um ihre Vorrechte bis zuletzt mit zähester Energie gerungen. Sie haben alle Ströme von Blut vergossen, sie sind über Leichen, Mord und Brand geschritten, sie haben Bürgerkrieg und Landesverrat angestiftet, um ihre Vorrechte und ihre Macht zu verteidigen . . .

Militaristen, Johannes Wüsten, Bleistiftzeichnung

Die imperialistische Kapitalistenklasse . . . überbietet als letzter Sproß der Ausbeuterklasse die Brutalität, den unverhüllten Zynismus, die Niedertracht aller ihrer Vorgänger. Sie wird ihr Allerheiligstes, ihren Profit und ihr Vorrecht der Ausbeutung, mit Zähnen und mit Nägeln, mit jenen Methoden der kalten Bosheit verteidigen, die sie in der ganzen Geschichte der Kolonialpolitik und in dem letzten Weltkrieg an den Tag gelegt hat. Sie wird Himmel und Hölle gegen das Proletariat in Bewegung setzen. Sie wird das Bauerntum gegen die Städte mobil machen, sie wird rückständige Arbeiterschichten gegen die sozialistische Avantgarde aufhetzen, sie wird mit Offizieren Metzeleien anstiften, sie wird jede sozialistische Maßnahme durch tausend Mittel der passiven Resistenz lahmzulegen suchen."

Und Rosa Luxemburg fordert:

„Redet nicht!

Beratet nicht ewig! Unterhandelt nicht! Handelt!“

Die Arbeiter handeln. Sie demonstrieren und kämpfen in den ersten Tagen des neuangebrochenen Jahres 1919. Selbst Landarbeiter schließen sich an.
In verschiedenen Städten werden KPD-Ortsgruppen gebildet.

Doch, wie hieß es im Programm der KPD:

„Die imperialistische Kapitalistenklasse ...
... wird Himmel und Hölle gegen das Proletariat in Bewegung setzen ...“

Weil Kapitalisten die Flamme von Petrograd fürchten

„Himmel und Hölle

gegen das Proletariat . . ."

„Das Parlament kann uns Frontsoldaten gestohlen bleiben“, formulierte der spätere Sekretär der „Antibolschewistischen Liga“* Eduard Stadtler 1919 in seiner Schilderung eines Gesprächs mit Major Pabst und fuhr fort: „auf Männer und Taten kommt es an; wenn auf unserer Seite vorerst keine Führer zu sehen sind, dann darf wenigstens die Gegenseite auch keine haben ...“ Major Pabsts Augen glänzten.
Das war andere Musik, als er sie täglich zu hören bekam. Er stand auf, drückte mir soldatisch die Hand und sagte nur:

„Ich danke Ihnen sehr, auf mich können Sie sich verlassen.“ Ein Mann, ein Wort. Wenige Tage darauf, am 15. Januar, hatten die Mannen des Majors Pabst, die Brüder Pflugk-Hartung und der Husar Runge, die beiden führenden Kommunisten Rosa Luxemburg und Karl Liebknecht als politische Gefahrenzentren beseitigt.

Gedenkblatt für Karl Liebknecht, Käthe Kollwitz, Holzschnitt

Die Organisation „Antibolschewistische Liga“ erhielt 1919 von den führenden Konzernherren, die am Krieg verdient hatten, obwohl Deutschland militärisch und politisch von den anderen Weltmächten besiegt worden war, mehr Geld als alle übrigen bürgerlichen Parteien: 500 Millionen Mark zur Finanzierung der Gegenrevolution. Welch ein Judaslohn! Dafür, daß die Besitzverhältnisse nicht verändert werden.

Der schon genannte Sekretär der „Antibolschewistischen Liga“ Eduard Stadtler erinnerte sich:

„Das geniale Willenszentrum dieser bürgerlichen Abwehr der bolschewistischen Gefahr war der führende Großindustrielle jener revolutionären Übergangszeit: Hugo Stinnes, ohne dessen entscheidende Tatkraft Deutschland in jenem Winter wohl sicher dem Bolschewismus verfallen wäre. Als in den Januartagen 1919 der Bolschewismus Berlin erobert hatte und in allen großen Industriegebieten seine Herrschaft aufrichtete, da fand (am 10. Januar 1919) in den Räumen des Aero-Klubs von Berlin eine Sitzung führender Industrieller, Bankherren und Großkaufleute statt unter dem Vorsitz des Bankiers Mankiewitz, bei der der Verfasser dieses Buches (Ed. Stadtler) zum Thema ‚Bolschewismus als Weltgefahr‘ ein zweistündiges Referat hielt. Nach der Rede erhob sich Hugo Stinnes und erklärte, ohne Pose und Feierlichkeit, in der ihm eigenen überlegenen ruhigen Sachlichkeit: ‚Ich bin der Meinung, daß nach diesem Vortrag jede Diskussion überflüssig ist.

Wenn deutsche Industrie-, Handels- und Bankwelt nicht willens und in der Lage sind, gegen die aufgezeigte Gefahr eine Versicherungsprämie von 500 Millionen Mark aufzubringen, dann sind sie nicht wert, deutsche Wirtschaft genannt zu werden.

Ich beantrage Schluß der Sitzung und bitte die Herren Borsig, Siemens ectr., sich mit mir in ein Nebenzimmer zu begeben, damit wir sofort über den Modus der Umlage* klar werden können.‘ Das war die historische Stunde, da der sogenannte ‚Antibolschewistenfonds der Wirtschaft‘ beschlossen wurde, von dem aus nun die Mitte Januar einsetzende gewaltige Bewegung des Antibolschewismus gespeist wurde. ‚Antibolschewistische Liga‘, ‚Generalsekretariat zum Studium und zur Bekämpfung des Bolschewismus‘, ‚Vereinigung zur Bekämpfung des Bolschewismus‘, ‚Bürgerratsbewegung‘, ‚Werbebüros für die Freikorps*‘, ‚Studentenarbeitsstellen‘, ‚Selbstschutzformationen‘ usw. Auch die Kassen der aktiven Reichswehrtruppen wurden davon gespeist. Ja, es flossen sogar Gelder in den Wahlfonds der Sozialdemokratischen Partei, da diese sich bereit er-

klärte, antibolschewistische Flugblätter und Plakate massenweise zu verbreiten. Die Gründung des Fonds war eine entscheidende bürgerliche Selbsthilfe-Tat. Und der Tatmensch dieser Tat war Hugo Stinnes.“
Das Programm der Liga, so meinte Stadtler, wäre das einer „Nationalsozialistischen Vereinigung“, einer „Partei der Zukunft“.

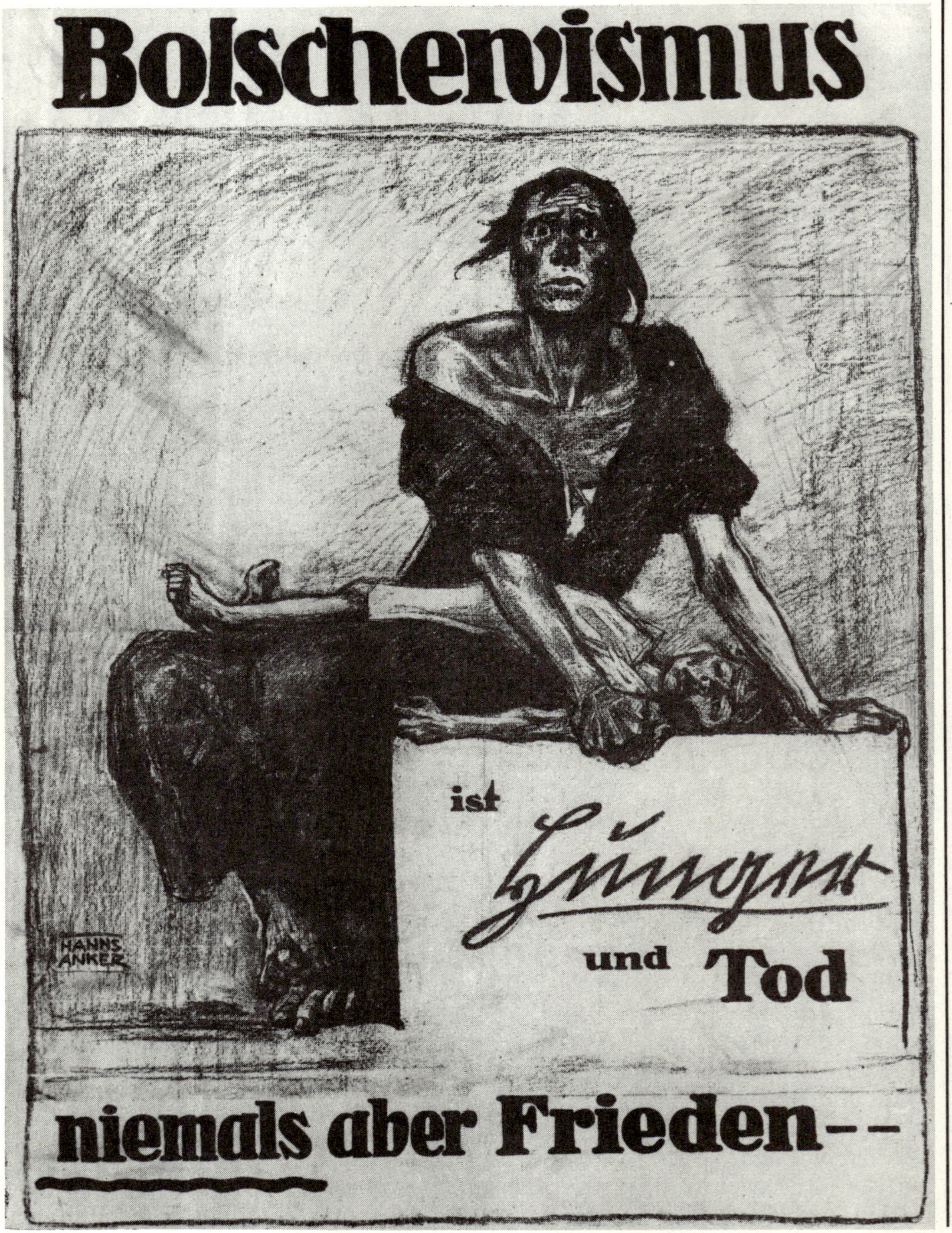

Dreizehn Jahre vergingen noch, ehe Eduard Stadtlers Wunschträume Wirklichkeit wurden. Und es bedurfte blutiger Aktionen.
Die besten und beliebtesten Führer der Arbeiterklasse wurden ermordet. Zuerst Rosa Luxemburg und Karl Liebknecht. Im März wird ein dritter Genosse der KPD-Zentrale im Gefängnis Moabit umgebracht: Leo Jogiches. Ein Freund von Rosa Luxemburg. Ein Vierter, auf den die Militärs es ebenfalls abgesehen hatten, konnte aus dem „Hotel Eden", in das man ihn mit Rosa und Karl brachte, fliehen: Wilhelm Pieck, der später, 1949, erster Präsident unseres Arbeiter-und-Bauern-Staates wurde. So begann also das blutige Jahr 1919 mit Mord und Totschlag. Es bewahrheitete sich in jeder Weise, was im Programm der KPD zuvor – am 31. Dezember 1918 – schon erkannt worden war:

Sie (die Klasse der Herrschenden, der Verf.) **„wird ihr Allerheiligstes, ihren Profit und ihr Vorrecht der Ausbeutung mit Zähnen und mit Nägeln . . . verteidigen . . ."**

Der Terror gegen Aufbegehrende blieb aber nicht auf die Städte beschränkt. Ein Großgrundbesitzer, ein Herr von Oldenburg-Januschau, schildert in seinen „Lebenserinnerungen", wie er auf seinem Gut mit dem „Bolschewismus" fertig wurde, als er aus dem ersten Weltkrieg zurückkehrte:

„Zerrissenen Herzens machte ich mich auf den Heimweg und fuhr nach Westpreußen zurück, um wenigstens dort in den mir gezogenen Grenzen für Zucht und Ordnung zu sorgen. In Januschau begrüßte mich mein alter Diener mit der Botschaft, daß sich auch hier der Geist der Auflehnung bemerkbar gemacht habe. Einer meiner Knechte habe sich nicht ohne drohende Worte gegen mich zum Herrn auf Januschau erklärt. In dem Gefühl, daß hier auf meinem eigenen Grund und Boden schnell, persönlich und kräftig gehandelt werden müsse, nahm ich einen handfesten Knotenstock und begab mich auf das Feld, wo auch der erwähnte Knecht arbeitete. Ich trat auf ihn zu, nahm ihn beim Ohr und fragte ihn: ‚Wer regiert in Januschau?' Als er nicht antwortete, schrie ich ihn an: ‚Ich haue dich in die Freß, daß du koppstehst!' Diese Sprache verstand er. Sein Mut verließ ihn, und er bezeichnete mich als den Herrn. Das gegenwärtige Vertrauensverhältnis war wieder hergestellt. Er arbeitet nach wie vor mit der gewohnten Gewissenhaftigkeit in meinem Betriebe. Damit war die Revolte in Januschau erledigt. Das Beispiel wirkte so, daß bei mir nie wieder eine Auflehnung vorgekommen ist. Dann begann es in meinem Kreise unruhig zu werden. Allenthalben wurden Drohungen laut. So wurde ich z. B. gewarnt, ich solle mich nicht auf meinem in der Gegend sehr bekannten Schecken in Deutsch-Eylau blicken lassen. Ein Telefonanruf aus Danzig kündigte mir den Besuch zweier Lastwagen mit revolutionären Matrosen an, die mich ausheben wollten. Ich antwortete nur: ‚Die haben wenigstens etwas zu heben.' Immerhin hielt ich es unter diesen Umständen für angezeigt, einen Stoßtrupp ins Leben zu rufen. Er bestand aus 36 Mann – alles altgediente Soldaten, die mit Waffen und Munition wohl versehen waren."

Der von Herrn von Januschau als „Revolte“ bezeichnete Versuch seines Knechtes, sich wenigstens in Gedanken und Worten der Ausbeutung zu entziehen, war gewiß nur von kurzer Dauer. Doch wer geneigt ist, darüber zu lächeln, möge sich erzählen lassen, unter welchen Umständen damals solche Knechte und Mägde leben mußten:

„... Für die Knechte und Dienstjungen waren in dem sogenannten Backhause dicht am Pferdestall zwei Unterkunftsräume geschaffen: die Leutestuben. Beide Gelasse waren nur so hoch, daß ein großer Mann sich bücken mußte, um darin gehen zu können. Er riskierte sonst, den Kopf an den Deckenbalken zu stoßen ...
Im rechten Winkel reihten sich an je zwei Wänden die landesüblichen Bettkasten aneinander; jedes dieser Wandbetten wurde von zwei Mann benutzt. Stroh war reichlich darin vorhanden, ebenso Mäuse. Die Federn mochten wohl noch jener guten alten Zeit entstammen, als ‚Steenbuck vor Tönning‘ lag; wenigstens ließ ihre klumpige Schwere auf ziemlich hohes Alter schließen, und die verschossenen sackgroben Bezüge deuteten gleichfalls auf jahrzehntelangen Gebrauch. Alle Betten zeigten außerdem noch eine gemeinsame Eigentümlichkeit:

„Der Herr“, so nannte der Arbeiterfotograf Fritz Pawel sein Foto

sie waren nämlich samt und sonders zu kurz. Schon kleinere Personen mußten darin im vollen Sinne des Wortes krumm liegen; größeren blieb vollends nichts anderes übrig, als sich während des Schlafes nach Art eines ‚Swinegels' zusammenzukugeln ...
In der Zwischenwand eingelassen stand, so daß beide Räume gleichzeitig geheizt werden konnten, ein eiserner Plattenofen ältester Konstruktion. Dieser qualmige Vierfüßler war erst auf Betreiben des Verwalters in jenen Jahren angeschafft worden, als so außerordentlich viele Landarbeiter von Schleswig-Holstein nach Amerika auswanderten. Die Gutsbesitzer hatten sich damals zu verschiedenen Zugeständnissen an die Wünsche ‚ihrer Leute' verstehen müssen, wenn sie die genügende Zahl von Knechten erhalten wollten, und dazu gehörte außer einer Erhöhung der Löhne auch die Heizbarmachung der Gesindestuben. Bis dahin konnten jene Räume überhaupt nicht geheizt werden; es war vielmehr von jeher üblich gewesen, daß sich die Knechte in ihrer freien Zeit – wenn sie nicht zu den Tagelöhnern auf Nachbarschaft gehen wollten – in den Stallungen aufhalten mußten. Dort sorgte ja das Vieh für die nötige Wärme, und wem es da nicht paßte, der konnte zu Bett gehen; dann hatte er am anderen Morgen auch rechtzeitig ausgeschlafen, und die Herrschaft sparte Licht und Feuerung. Nach der Anschaffung des Ofens war der Aufenthalt in den Gesindestuben während der kalten Jahreszeit doch um etwas gemütlicher geworden ...
So also sah die ‚Lüdstuw' der Knechte aus. An Einfachheit ließ sie wirklich nichts zu wünschen übrig. Sie galt auch nur – wie fast allerorts auf dem Lande – als zu den Stallungen gehörig, als ein Anhängsel derselben, das eben nun einmal notwendig war. Diese primitive Einrichtung der Gesindestuben und ihre Lage dicht an den Stallungen kann ohne weiteres als ein getreues Abbild der sozialen Stellung dienen, die das Gesinde auf einem Gutshof einnimmt. Das Gesinde wird eben nur als eine Art lebendiger Mittelstufe zwischen Vieh und Herrschaft angesehen und demgemäß auch ‚gehalten' ..."

„Zwischen Vieh und Herrschaft . . . gehalten". Unter solchen Bedingungen kann ein Mensch bald gebeugt, geduckt, eben krumm sein.

Herrn von Januschaus Knecht muß zu solchen Niedergehaltenen gerechnet werden.

Fest steht jedenfalls: Alle, die Herren der Fabriken – die sogenannte „Industrie- und Handelswelt" – und die Herren der Ländereien – die Großgrundbesitzer –,

setzten „Himmel und Hölle" gegen das Proletariat in Bewegung.

Bauer, Johannes, Arbeiter, Unterföhring Nr. 3, 48 Jahre alt, und dessen Sohn Johannes, 17 Jahre alt, wurden am 30. April 1919 auf Grund einer Denunziation aus der Wohnung geholt und kurz darauf ohne Verhör erschossen. Der Sohn war Mitglied der Arbeiterwehr, der Vater war parteilos. Er hinterließ Frau und vier unmündige Kinder.

Am 1. Mai wurden Peter Huhn und Georg Kistler in Großhesselohe und der Feinmechaniker Höpfl in Grünwald ohne Urteil erschossen; Verfahren wurde eingestellt, weil Täter nicht zu ermitteln.

Jakob Münch, Forstenrieder Str. 71, wurde am 1. Mai erschossen. Er wollte seine im Februar gefaßten Waffen abliefern und wurde dabei verhaftet.

Benno Huber, Metzger, Großkarolinenfeld, war bei der Roten Armee in Rosenheim gewesen und wurde am 2. Mai im Bett erschossen. Hinterläßt eine Frau mit zwei Kindern . . .

In 3 Tagen – 7 Tote.
Es wird wieder, noch immer, geschossen.
Auch wenn es am 9. November 1918 hieß:
„Der Kaiser hat abgedankt! . . .
Es wird nicht geschossen!"

Die Liste der Ermordeten könnte verlängert werden, alle fielen auf solche oder ähnliche Weise.

Die Richter ahndeten diese Greuel großzügig, denn nicht nur die Herren Industriellen blieben nach des Kaisers Abdankung und Flucht, nicht nur die Bankherren blieben, die Großgrundbesitzer und Generäle. Geblieben waren auch die alten Richter. Ebenso die Mehrheit der Staatsangestellten. Deutschland war keine Monarchie mehr. Aber was kam danach?

Prost Noske*! „Die junge Revolution ist tot!“ Radierung von George Grosz

Am 19. Januar 1919 finden unter dem Schutz der konterrevolutionären Truppen Wahlen zur Nationalversammlung* statt, sogenannte „freie" Wahlen;
am 6. Februar tritt im militärisch besetzten und nach außen abgeriegelten Weimar, fern von noch immer im Deutschen Reich stattfindenden revolutionären Auseinandersetzungen, die Nationalversammlung zusammen;
diese Nationalversammlung wählt am 11. Februar Ebert zum Reichspräsidenten, und am 13. Februar wird Scheidemann von Ebert an die Spitze einer Regierung aus SPD, bürgerlich-demokratischen Parteien und Zentrumspartei zum Reichsministerpräsidenten berufen;
am 24. Februar beginnt die Nationalversammlung mit der Beratung der Verfassung, die nach dem Ort der Beratung als „Weimarer Verfassung" in die Geschichte eingeht. Die Periode, die damit beginnt, wird die „Weimarer Republik" genannt.

Für sie gilt, was im Oktober 1918 bereits in einem Spartakusbrief über die Beteiligung der SPD an der damaligen Regierung so formuliert wurde:
„. . . Änderung von Äußerlichkeiten und Lappalien, um den Kern und das Wesen der alten Klassenherrschaft zu retten, um einer radikalen, wirklichen Erhebung der Gesellschaft durch die Massenerhebung vorzubeugen . . ."
Die Weimarer Republik war ein bürgerlich-parlamentarischer Staat.

Erste Kabinettsitzung der Reichsregierung unter Scheidemann in Weimar

Die nur wenige Wochen zuvor – am 9. November 1918 – ausgerufene sozialistische Republik konnte damals nicht verwirklicht werden. Viele Repräsentanten des alten kaiserlichen Staates wurden Mitglieder der Weimarer Nationalversammlung. Einige kurze Biographien als Beweis:

von Delbrück, Clemens

Geboren am 19. Januar 1856 zu Halle (Saale), evangelisch. Universitäten Heidelberg, Greifswald, Berlin und Halle. 1877 Gerichtsreferendar, 1882 Regierungsassessor, 1885 Landrat des Kreises Tuchel, 1891 Regierungsrat beim Oberpräsidenten zu Danzig, 1896 Oberbürgermeister der Stadt Danzig. 1902 Oberpräsident der Provinz Westpreußen, 1905–1909 Minister für Handel und Gewerbe, 1909–1916 Staatssekretär des Innern und Stellvertreter des Reichskanzlers, Oktober und November 1918 Chef des Geheimen Zivilkabinetts.

Dernburg, Bernhard, Dr. jur.

Geboren am 17. Juli 1865 zu Darmstadt, lutherisches Gymnasium bis Obersekunda, kaufmännische Lehre in Berlin, in New York. 1889–1901 Direktor der Deutschen Treuhand-Gesellschaft Berlin, 1901 der Bank für Handel und Industrie, 1907 Direktor der Kolonialabteilung des Auswärtigen Amts, 1907 bis 1910 Staatssekretär des Reichskolonialamts, 1913 Mitglied des preußischen Herrenhauses, seit April 1919 Reichsfinanzminister und stellvertretender Ministerpräsident.

Fehrenbach, Constantin

Geboren am 11. Januar 1852 zu Wellendingen, Amt Bonndorf, katholisch. Gymnasium, Universität Freiburg, 1882 Rechtsanwalt, 1895 Stadtrat, 1895 zweite badische Ständekammer, 1907–1909 deren Präsident, 1903 Mitglied des Reichstages, 1918 Präsident, 1919 Präsident der verfassunggebenden deutschen Nationalversammlung.

von Graese, Albrecht

Geboren am 1. Januar 1868 zu Berlin, evangelisch, Gymnasium, Universität Berlin, 1887 Offizier, 1896–1897 zur Botschaft in Konstantinopel kommandiert, 1912 aus dem Militärverhältnis verabschiedet. Seit 1899 Besitzer des ritterschaftlichen Gutes Goldebee in Mecklenburg. Mitglied des Reichstages seit 1912, Mitglied des mecklenburgischen Landtages von 1899–1918.

Freiherr von Richthofen, Hartmann

Geboren am 20. Juli 1878 zu Berlin, evangelisch, Gymnasium, Universitäten Freiburg, Berlin und Straßburg/Elsaß, 1900 Referendarexamen, 1902 Attaché im Auswärtigen Amt, 1903–1904 Geschäftsleiter in Ägypten, in Kopenhagen, Legationssekretär* in St. Petersburg, Teheran, Washington, Mexiko, 1911 Legationsrat, Mitglied des preußischen Abgeordnetenhauses, 1915–1918, 1919 in verfassunggebender preußischer Landesversammlung und mecklenburgischem Landtag.

Wilhelm Koenen

Die Ideen, Vorstellungen dieser Abgeordneten der Nationalversammlung unterschieden sich gewiß von denen des bereits genannten parteilosen Arbeiters Johannes Bauer aus Unterföhring, Nr. 3. Sie sind Besitzende, er ein Besitzloser.
Was nicht bedeutet, daß nicht auch aus SPD und der damaligen Unabhängigen Sozialdemokratischen Partei (USPD, einer im Antikriegskampf abgespaltenen Gruppe) fortschrittlich gesonnene Leute in der Weimarer Nationalversammlung saßen.
Zwei Beispiele von vielen:

Koenen, Wilhelm

Geboren am 7. April 1886 zu Hamburg, ohne Konfession, Volksschule, Arbeiterbildungsschule. Kaufmännische Lehre. 1904 Kiel Volksbuchhandlung. 1911 Redakteur am „Volksblatt" in Halle. Kommissar der Arbeiter- und Soldatenräte Bezirk Merseburg.

Stelling, Johannes

Geboren am 12. Mai 1877 zu Hamburg, konfessionslos, Volksschule, Handelsgewerbe, betätigte sich politisch und gewerkschaftlich, 1901 Redakteur des „Lübecker Volksboten" in Lübeck. 1907 Mitglied der Lübecker Bürgerschaft.

Seid ihr alle noch da?

Seid ihr alle noch da –?

Seid ihr alle noch da –?
Ja –?

Immer dieselben Offiziere,
dieselben Verschwörungs-Kavaliere,
unfähig, etwas Gescheites zu werden,
ewige, ewige Landsknechte auf Erden;
dieselbe Wichtigkeit mit „Kurieren",
derselbe Rummel im Organisieren . . .
Denn im Felde das Saufen . . .
das gute Essen . . .
das können die Herren
nun mal nicht vergessen.
Immer noch Ansprachen mit Hurra . . .

Seid ihr auch alle da –?
Ja –?

Ihr habt so viel Geld.
Von Köln bis Berlin
spenden die notleidenden Industrien;
und es spendet auch voller Saft
und Kraft die arme,
notleidende Landwirtschaft.
Und mit diesem Geld
ist es euch gelungen:
ihr habt auch scharenweise
die Jungen.
Und was für Jugend!
Die muß man sehen,
die Uniformen, die mit euch gehen:
Eine verbrüllte, verhetzte Masse,
mit der ganzen Sehnsucht
zur blonden Rasse,
die nun einmal jeden entflammt,
der aus Promenadenmischungen
stammt.
Die Gehirne verkleistert
im achtzehnten Jahr,
Deutschland im Maul
und Schuppen im Haar . . .
Abschaum der Bürger
vom Belt bis zum Rhein –
Und das soll Deutschlands
Zukunft sein –?

Euch stört doch kein
republikanisches Schwein?
Nein –?

Die Republikaner sehen in Ruh
eurem klirrenden Getümmel zu.
Kein Staatsanwalt
tät ein Wörtlein sagen –
er muß ja die Kommunisten jagen.
Und sie sehen nicht,
was in der Reichswehr geschieht . . .
Es ist immer dasselbe alte Lied:
Der Bürger hofft.
Und zieht einen Flunsch.
Und hat im ganzen nur einen Wunsch:
Es soll sich nichts ändern.
Die Bahnen solln gehn.
Er will ins Geschäft,
um Viertel zehn . . .
Das ist schon wahr.
Das muß man begreifen.
Ihr habt auch schon recht,
darauf zu pfeifen.
Ihr vergeßt nur:
die Leute eurer Partie
sind genau dieselben Bürger wie die!
Nur lauter. Nur dümmer.
Nur mit mehr Geschrei.
Und was gerne prügelt,
ist auch dabei.

Seid ihr alle wieder da –?
Ja –?

Na, dann man los!
Laßt die Gewehre knallen!
Die Leute werden hungern.
Die Währung wird fallen.
Arbeiter
werden auf dem Pflaster liegen.
Ihr werdet Waffenlose besiegen . . .
Sprung auf! Marsch-Marsch!
Auf zum Tag des Gerichts –!
Und gehts schief –!
Ihr riskiert ja weiter nichts.

Kurt Tucholsky

Ja – ?

Sie schreiten wieder die Reihen ab.

Kurt Tucholsky hat in seinem Gedicht die Weimarer Republik beschrieben. Nicht nur die Macht der Fabrikherren und Großgrundbesitzer war geblieben, nicht nur die alten Richter und Staatsangestellten. Geblieben waren, ausgerüstet mit dem Geld der Industrien und Banken, die Herren Offiziere und ihre Söldner, die neben dem 100 000-Mann-Heer, das die Siegermächte nach dem verlorenen Krieg Deutschland zubilligten, in Freikorps darauf warteten, jede revolutionäre Erhebung niederzuschlagen.

Und Deutschland sah nach dem Ersten Weltkrieg nicht mehr so aus:

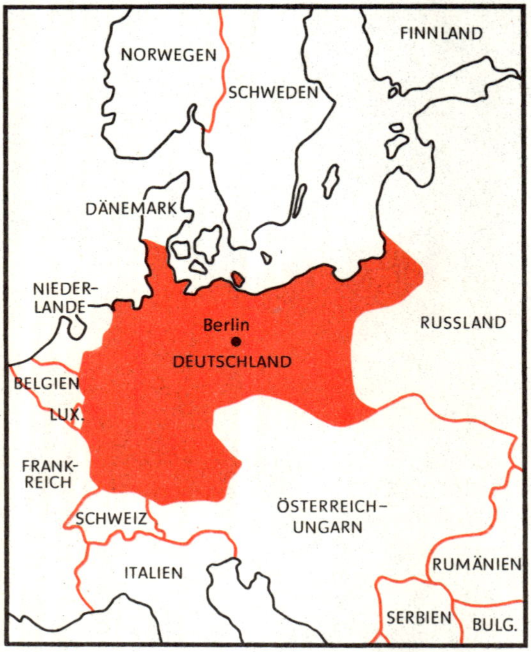

sondern so:

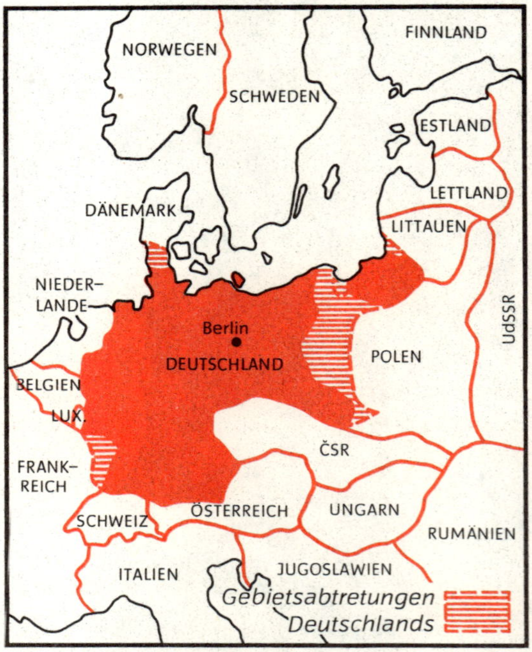

Deutschland war kleiner, die Einwohner weniger geworden. Beunruhigende Zeiten also. Denn der Vertrag von Versailles, genannt nach dem französischen Ort, in dem die verbündeten Siegerstaaten den Frieden mit Deutschland schlossen, sah neben der Begrenzung des Heeres noch andere Beschränkungen vor. Von der Gesamtfläche Deutschlands mußten Teile wieder abgetreten werden. Im Westen kam Elsaß-Lothringen wieder zurück an Frankreich, im Norden ein Teil wieder an Dänemark und im Osten große Gebiete wieder an Polen. Außerdem verloren die deutschen Imperialisten ihren gesamten Kolonialbesitz mit über 12 Millionen Einwohnern.

Zu alledem mußte Deutschland gehörige Summen zur Wiedergutmachung, sogenannte Reparationen, an die einst überfallenen Länder für eine Zeit von dreißig Jahren zahlen. Das waren wirklich schwere Lasten, die da auferlegt wurden. Wer würde die Zeche zahlen, die Rechnung begleichen?

Man sprach in jener Zeit viel von Schmach, von Schande, die den Deutschen angetan würde. Von einer „Ohnmacht“ Deutschlands! Sogar von einer „Todesgefahr“ für die deutsche Nation.

Der Versailler Vertrag war am 28. Juni des Jahres 1919 abgeschlossen worden, nicht lange nach Ernennung der Regierung Scheidemann.
Am 10. Januar 1920 trat er in Kraft.
Am 23. Januar 1920 wußte einer in Deutschland schon Rat, um „Schmach und Schande“ abzuwenden, der Ohnmacht zu entgehen. Er sagte:

„Es ist das Zeichen einer wahren Demokratie, daß sie in Zeiten der Todesgefahr ihren Diktator* findet.“

Einen Diktator.
Einen „starken Mann“.

Von wem stammt dieser Satz? Von Hugo Stinnes. Ein Jahr zuvor hatte er zur „Versicherungsprämie“ gegen die Revolution aufgerufen. Würde auch diesmal Stinnes' Vorschlag Gehör finden? Wer sollte der „Diktator“ sein?
Ein Brief gibt Auskunft. Er wurde viele Jahre später – 1937 – von einem Dr. Detert an den Berliner Industriellen Ernst von Borsig gerichtet:

„Wie ich Ihnen schon mündlich mitteilte, ist Ihr Herr Vater wohl einer der ersten gewesen, die hier in Berlin Beziehungen zu unserem Führer (gemeint ist Adolf Hitler; d. Verf.) aufgenommen und seine Bewegung (gemeint ist der Faschismus; d. Verf.) mit erheblichen Mitteln unterstützt hat. Dazu ist es wie folgt gekommen: Als im Jahre 1922 Adolf Hitler seinen ersten Vortrag ... im Nationalen Club hinter verschlossenen Türen hielt, war auch Ihr Herr Vater dazu eingeladen, konnte jedoch infolge Erkrankung oder Abwesenheit – das weiß ich heute nicht mehr genau – an dem ersten Vortrage nicht teilnehmen. Ich erhielt daher von ihm den Auftrag, in seiner Vertretung an diesem Vortrage teilzunehmen und ihm über meinen Eindruck, den ich von dem Vortragenden und seinen Ausführungen gewinnen würde, Bericht zu erstatten. Dieser Bericht fiel so aus, daß Ihr Herr Vater zu dem zweiten Vortrag, den Adolf Hitler im Nationalen Club hielt, persönlich hinging, um ihn kennenzulernen. Ihr Herr Vater war durch das Erlebnis dieses Abends so stark gepackt, daß ich von ihm den Auftrag erhielt, mich mit Adolf Hitler ohne Mittelspersonen direkt in Verbindung zu setzen und mit ihm darüber zu sprechen, wie und mit welchen Mitteln die Bewegung*, die damals noch fast ausschließlich auf Süddeutschland, insbesondere auf Bayern beschränkt war, nach Norddeutschland, insbesondere nach Berlin, ausgedehnt werden könnte. Dem Wunsch Ihres Herrn Vaters nach einer solchen direkten Aussprache unter vier Augen kam Adolf Hitler bereitwillig nach, wir trafen uns im damaligen ‚Rheingold‘, Potsdamer Straße.
Adolf Hitler war über die seiner Bewegung von Ihrem Vater zugesagte Unterstützung erfreut und entwickelte mir den Plan der Errichtung einer Geschäftsstelle in Berlin und der zur Errichtung und Unterhaltung erforderlichen Geldmittel.“

Fotomontage von John Heartfield

Adolf Hitler. Er hieß eigentlich: Schicklhuber.
Geboren in Österreich, Braunau am Inn, 1889. Gelernter Anstreicher, Freiwilliger im ersten Weltkrieg, Verwundung.
Nach dem Krieg Kontakte zur Reichswehr. Öffentliche Reden über Deutschlands „Schmach und Schande" schon 1920.
1923 gescheiterter Putsch* in München, bei dem er sich bereits zum Reichskanzler ausruft.
Am 1. April 1924 wegen des Putsch-Versuches zu fünf Jahren Festung verurteilt.
Bereits im Dezember des gleichen Jahres 1924 kann er die Festung Landsberg wieder verlassen.
1925, im Februar, erneutes öffentliches Auftreten.
1926 Rede vor rheinischen Industriellen über deutsche Wirtschafts- und Sozialpolitik.

1930, am 4. Februar, legt der Verein für bergbauliche Interessen in Essen in einem Rundschreiben an die Zechenherren für 1930 und die folgenden Jahre eine Umlage je Tonne Kohle von 0,7 Pfennigen zur Unterstützung „nationaler Interessen" fest. Diese Gelder dienen vorwiegend der Partei Hitlers, der Nationalsozialistischen Deutschen Arbeiterpartei (NSDAP).

„Sozialistisch" und „Arbeiterpartei" genannt, um die Wähler zu täuschen, auf die es ankam: die Arbeiterklasse.

Was versprach Hitler: **Eine Revolution.**

Wir fragen: **Was für eine Revolution sollte das sein?**

In den „14 Thesen der deutschen Revolution" hieß es:
„Die deutsche Revolution proklamiert die Freiheit der Deutschen Nation in einem starken, alle deutschen Stämme des mitteleuropäischen Siedlungsraumes umfassenden deutschen Staat, der von der Memel bis Straßburg, von Eupen bis Wien die Deutschen des Mutterlandes und der unerlösten Gebiete umfaßt und kraft seiner Größe und Fähigkeit das Rückgrat und Herz des weißen Europa bildet."

Wir fragen: **Warum braucht Europa ein solches „Rückgrat"?**

„Die deutsche Revolution sieht das Wohl der Nation nicht in der Häufung materieller Werte, nicht in einer uferlosen Steigerung des Lebensstandards, sondern ausschließlich in der Gesundung und Gesunderhaltung jenes gottgewollten Organismus der Nation, auf daß dieser deutschen Nation die Erfüllung der ihr vom Schicksal gestellten Aufgabe möglich ist."

Wir fragen: **Warum soll es keinen hohen Lebensstandard des Volkes geben?**

„... Und um dieser Nation willen scheut die deutsche Revolution vor keinem Kampf zurück, ist ihr kein Opfer zu groß, kein Krieg zu blutig, denn Deutschland muß leben!"

Wir fragen: **Warum Krieg für Deutschland?**

Was ist das für eine Revolution!

In jenen Jahren schrieb Adolf Hitler ein Buch, in dem er noch ausführlicher wurde:

„... Im ewigen Kampfe ist die Menschheit groß geworden – im ewigen Frieden geht sie zugrunde ..."
„... ersteht aus der Not des eigenen Volkes das moralische Recht zur Erwerbung fremden Grund und Bodens. Der Pflug ist dann das Schwert, und aus den Tränen des Krieges erwächst für die Nachwelt das tägliche Brot. ..."

„... Wollte man in Europa Grund und Boden, dann konnte dies im großen und ganzen nur auf Kosten Rußlands geschehen, dann mußte sich das neue Reich wieder auf der Straße der einstigen Ordensritter in Marsch setzen, um mit dem deutschen Schwert dem deutschen Pflug die Scholle, der Nation das tägliche Brot zu geben."

Dieses Buch hieß „Mein Kampf".

Schon wieder also, fünf Jahre nach dem ersten Weltkrieg, wird erneut vom „Kampf" gesprochen, von „Erwerb fremden Grund und Bodens", von „auf Kosten Rußlands" und von „in Marsch setzen" ...

Zwischen der Situation in Europa 1914 und der von 1924 besteht für die Besitzenden ein Unterschied, der solche Überlegungen wie in „Mein Kampf" ausgesprochen, um so wertvoller werden läßt:

Seit 1917 existiert auf dem Boden des ehemaligen russischen Zarenreiches der erste sozialistische Staat der Welt.

Die Sowjetunion

Der an den Schlaf der Welt rührt – Lenin

Gestern noch ein armer Bauernsohn, heute auf der Schulbank, morgen ein roter Ingenieur . . ., es gilt . . .

Er rührte an den Schlaf der Welt

Er rührte an den Schlaf der Welt
Mit Worten, die Blitze waren,
Sie kamen auf Schienen,
und Flüssen daher
Durch alle Länder gefahren,
Sie hißten als rote Fahnen sich
Bei der Großen Parade,
Sie gingen von Mund zu Mund:
„Völker, hört die Signale!“

Er rührte an den Schlaf der Welt
Mit Worten, die wurden Gewehre,
wurden Beile, Geschütze,
Barrikaden, Heere – Es zogen
die bolschewistischen Truppen
Von Minsk bis Samara –
Rote Reiter, fliegende Funken –
Metallene Sonnen versunken,
Wetterleuchteten goldne Kuppeln
Aus der Moskwa . . .

. . . es gilt, Eisenbahnstrecken zu bauen . . .

Er rührte an den Schlaf der Welt

Er rührte an den Schlaf der Welt
Mit Worten, die wurden Brot,
Mit Worten, die wurden Armeen
Gegen die Hungersnot.
Mit Worten, Kolonnen, die pflügten
Rußlands Acker jahraus, jahrein.
Mit Worten, die verfügten:
„Diese Welt muß unser sein!“

Er rührte an den Schlaf der Welt,
Daß in fünf Kontinenten,
Wenn sein Wort ertönt,
es wie Sturmglocke gellt
Und als ob es Ketten zersprengte.
Sein Wort rührt auf:
Aufruhr, unterirdische Glut,
Aller Arbeiter und Bauern
Fleisch und Blut.

... es gilt, Kraftwerke zu errichten ...

Er rührte an den Schlaf der Welt

Er rührte an den Schlaf der Welt
Mit Worten, die wurden Maschinen.
Wurden Traktoren, Häuser,
Bohrtürme und Minen –
Wurden Elektrizität,
Hämmern in den Betrieben,
Stehen, unauslöschbare Schrift,
in aller Herzen geschrieben.

Er rührt an den Schlaf der Welt,
Weh euch, ihr Schläfer, ihr Satten!
Lenins Worte peitschten wie
Springflut heran,
Reißen die Massen aus ihrem Ermatten.
Er rührt, er rührt
an den Schlaf der Welt
Mit Fäusten, mit Fäusten Millionen,
Mit Versammlungen, Streik,
Mit Demonstrationen –

... es gilt, erste Traktoren bereitzustellen ...

Wir rühren an den Schlaf der Welt

Wir rühren an den Schlaf der Welt
Mit Worten, in Zuchthäusern begraben,
Mit Worten, die erschossen sind,
Die Hirne und Herzen haben –
Wir rühren, rütteln am Schlaf der Welt
Solang, bis die Welt erwacht ist,
Denn unser Wort ist Tat, und wir ruhen nicht,
Bis das Werk, bis das Werk vollbracht ist.

Johannes R. Becher

... es gilt, Solidarität zu leisten ...

Bis das Werk, bis das Werk vollbracht ist.

Und davon wollen

und Siemens

die Herren Stinnes, Borsig

nichts gewußt haben.

In dem uns schon bekannten Buch Hitlers „Mein Kampf“ war auch zu lesen:

„Sicher fußte die erste Kultur der Menschheit weniger auf dem gezähmten Tier als vielmehr auf der Verwendung niederer Menschen.“

„Niedere Menschen“ – Deutsche Arbeiter?

Doch es hieß:

„Das deutsche Volk ist von Natur aus zu Besonderem berufen.“

Also, so scheint's, auch „höhere“ Menschen.
Doch wo leben „niedere“?

Erinnern wir uns jener anderen zitierten Sätze des gleichen Buches:

„. . . dann mußte sich das neue Reich wieder auf der Straße der einstigen Ordensritter in Marsch setzen, um mit dem deutschen Schwert . . .“

Gemeint sind die slawischen Völker. Die Polen, die Weißrussen, die Ukrainer, die Russen . . . Die, deren Länder erobert werden sollen.
Dagegen war nichts einzuwenden von den Geldgebern der „Bewegung“, den Geldgebern Hitlers. Jahre später, ab 1942, sollten sie sich dieser „niederen Menschen“ zu Hunderttausenden in ihren Fabriken bedienen.

Ein Historiker unseres Landes, Prof. Kurt Pätzold, bezeichnete diese geistige Überheblichkeit, andere Völker als niedere Menschen herabzuwürdigen, als „den wichtigsten Bestandteil dessen, was die Nazifaschisten ihre Weltanschauung nannten“.

Also Slawen sind „niedere“ Menschen.

Doch es gibt nach Ansichten der Faschisten noch niedrigere.

„Im täglichen politischen und ideologischen Kampf der NSDAP und des nazifaschistischen Staates, der den Rassenmythos* in den Rang einer Staatsdoktrin* erhob, waren es die antiimperialistischen Kräfte, in erster Linie die Kommunisten, die als undeutsch, artfremd, nichtarisch*, als jüdisch oder wenigstens jüdisch-beeinflußt diffamiert und verfolgt wurden“, sagt Prof. Pätzold.

Über die „jüdische Rasse“ selbst schrieb Hitler seitenlang Worte, die keiner einer Ratte hinterherschreit. Von den vielen Sätzen ist dieser der mildeste:

„So glaube ich heute im Sinne des allmächtigen Schöpfers zu handeln: Indem ich mich des Juden erwehre, kämpfe ich für das Werk des Herrn.“

Antisemitismus* war nichts Besonderes in Deutschland. Schon zu Kaisers Zeiten waren Juden angeblich schuld an allem, wofür die wahren Schuldigen nicht genannt sein wollten. Sie wurden verantwortlich gemacht für die Niederlage des Kaiserreiches im ersten Weltkrieg. Wer sich aber der Juden „erwehrte“, wehrte der sich gegen die wirklichen Verursacher von Krieg und Gewalt, von Hunger und Not?
Wie gesagt, Feindlichkeit gegenüber Juden war nichts Besonderes in Deutschland um diese Zeit. Selbst jüdische Großbürger empfanden es nicht als beunruhigend, was Hitler schrieb.

Das edelste deutsche Blut ist das, welches von deutschen Soldaten für Deutschland vergossen wurde.

Zu diesen gehören auch die 12000 Gefallenen der deutschen Judenheit, die damit wiederum ihre allein ernsthafte und achtunggebietende Blutprobe im deutschen Sinne bestanden hat.

Soweit ihre Namen heute noch festzustellen waren, sind sie verewigt in diesem Buche, das ihre heimgekehrten Kameraden ihnen in treuem und ehrfürchtigem Gedenken widmen.

Dr. Leo Löwenstein,

Hauptm. d. R.,

Bundesvorsitzender des R. j. F.

Aus dem Glückwunschschreiben des Reichsbundes jüdischer Frontsoldaten zum 85. Geburtstag von Hindenburg

JÜDISCHE RUNDSCHAU

Schriftleitung, Verlag u. Anzeigenverwaltung: Berlin W15, Meinekestr. 10 Fernruf: Sammel-Nr. J1 Bismarck 3181 82, 7165 70, 7240/42. – Bezugspreis pro Monat RM. 2,—, pro Quartal RM. 5,75. — Postscheck-Konten der Abonnements-Abteilung: Berlin 71 573 (für Groß-Berlin), Berlin 17 392 (für das übrige Reich). Auslandsbezug in jeweiliger Landeswährung. — **Erscheint jeden Dienstag und Freitag.**

BERLIN
י״ד שבט תרצ״ד
DIENSTAG, 30. JANUAR 1934

Anzeigentarif: Die 12gespaltene Millimeter-Zeile RM. —,20, für Stellengesuche RM. —,10, für Familiennachrichten RM. —,15. Einzelanzeigen nur gegen Vorauszahlung auf Postscheck-Konto Berlin 71 618 oder in der Anzeigen-Annahme Montag bis Freitag 9—15 Uhr. Annahmeschluß für die Dienstag-Ausgabe Montag 10 Uhr für die Freitag-Ausgabe Mittwoch 13 Uhr (Familienanzeigen bis Donnerstag 10 Uhr)

Der Zionismus erstrebt für das jüdische Volk die Schaffung einer öffentlich-rechtlich gesicherten Heimstätte in Palästina. „Baseler Programm“

Ein Jahr Regierung Hitler

Der Nationalsozialismus hat in diesem ersten Jahre seiner Regierung Gewaltiges erreicht, und es ist begreiflich, wenn er mit Stolz auf dieses Jahr zurückblickt. Es gibt in Deutschland außer der NSDAP. keine Parteien mehr. Der vom Nationalsozialismus vertretene Anspruch auf Ausschließlichkeit führte große Scharen, die früher nicht der Partei angehörten, in seine Reihen. In der letzten Zeit haben sich offizielle Kundgebungen wiederholt dagegen gewandt, daß versucht wird, den Nationalsozialismus zu verfälschen oder umzudeuten und daß Menschen, die eben erst den Weg zu ihm gefunden haben, als seine geistigen Führer gelten wollen. Der Nationalsozialismus wehrt sich gegen Zuläufer, gegen die Charakterlosen, die jetzt besonders laut „Heil Hitler“ schreien. Diese Erklärungen sind nicht unwichtig auch für uns Juden, denn auch im jüdischen Lager finden sich hier und dort wieder Leute, die sich anbiedern und dem deutschen Volk Ratschläge geben möchten. Selbstbewußte Juden können nicht in diese Versuchung kommen. Der Jude ist aus dem deutschen öffentlichen Leben in diesem Jahre so zurückgedrängt worden, daß von einer jüdischen „Macht“, soweit sie früher vorhanden gewesen sein mag, nicht mehr die Rede sein kann. Demgemäß ist auch die Judenfrage in der öffentlichen

Welch grausiger Irrtum!
Noch ahnte niemand von ihnen, daß es einmal solche Bilder geben würde:

DR

Ergebnisse von Sätzen wie: „So glaube ich heute im Sinne des allmächtigen Schöpfers zu handeln: Indem ich mich des Juden erwehre, kämpfe ich für das Werk des Herrn.“

Und auch das war ein späteres Ergebnis des programmatischen „Mein Kampf“, ein sehr folgenschweres Ergebnis:

„1. In jeder Ortsgruppe und Organisationsgliederung der NSDAP sind sofort Aktionskomitees zu bilden zur praktischen, planmäßigen Durchführung des Boykotts* jüdischer Waren, jüdischer Ärzte und jüdischer Rechtsanwälte. Die Aktionskomitees sind verantwortlich dafür, daß der Boykott keinen Unschuldigen, um so härter aber die Schuldigen trifft ...

3. Die Aktionskomitees haben sofort durch Propaganda und Aufklärung den Boykott zu popularisieren. Grundsatz: Kein Deutscher kauft noch bei einem Juden ... Der Boykott muß ein allgemeiner sein. Er wird vom ganzen Volk getragen ...

8. Es ergehen Anordnungen an die SA* und SS*, um vom Augenblick des Boykotts ab durch Posten die Bevölkerung vor dem Betreten der jüdischen Geschäfte zu warnen. Der Boykott setzt schlagartig Samstag, den 1. April, Punkt 10 Uhr ein. Er wird fortgesetzt so lange, bis nicht eine Anordnung der Parteileitung die Aufhebung befiehlt.

9. Die Aktionskomitees organisieren sofort in Zehntausenden von Massenversammlungen, die bis in das kleinste Dorf hineinzureichen haben, die Forderung nach Einführung einer relativen Zahl für die Beschäftigung der Juden in allen Berufen entsprechend ihrer Beteiligung an der deutschen Volkszahl. Um die Stoßkraft der Aktion zu erhöhen, ist die Forderung zunächst auf drei Gebiete zu beschränken:
a) auf den Besuch an den deutschen Mittel- und Hochschulen,
b) für den Beruf der Ärzte,
c) für den Beruf der Rechtsanwälte ...“

Anordnung, die am 30. 3. 1933 im „Völkischen Beobachter“, der Zeitung der NSDAP, veröffentlicht wurde.

JÜDISCHE RUNDSCHAU

Schriftleitung, Verlag u. Anzeigenverwaltung: Berlin W15, Meinekestr. 10
Fernruf: Sammel-Nr. J1 Bismarck 3181/82, 7165/70, 7240/42. – Bezugspreis einschl. Bestellgeld je Monat RM 2,–, je Vierteljahr RM 5,75, bei Abholung RM 1,88 bzw. RM 5,39. — Postscheck-Konten der Vertriebs-Abteilung: Berlin 71573 (für Groß-Berlin), Berlin 17392 (für das übrige Reich). In Fällen höherer Gewalt besteht kein Anspruch auf Nachlieferung oder Erstattung etwa schon gezahlter Bezugsgebühren. — Erscheint jeden Dienstag und Freitag.

BERLIN
כ״ו אלול תרצ״ה
DIENSTAG, 24. SEPTEMBER 1935

Anzeigenpreisliste Nr. 3 gültig. Die 12 gespaltene mm-Zeile 20 Rpf., für Familiennachrichten 15 Rpf. Aufnahme von Anzeigen an bestimmten Tagen oder Stellen und in bestimmte Ausgaben kann nicht gewährleistet werden. Einzelanzeigen nur bei Vorauszahlung auf Postscheck-Konto Berlin 71618 oder bar Montag bis Donnerstag 9—18 Uhr, Freitag 9—16 Uhr. Annahmeschluß für die Dienstag-Ausgabe Montag 10 Uhr, für die Freitag-Ausgabe Mittwoch 13 Uhr (Für Familienanzeigen am Tag vor Erscheinen 12 Uhr)

Der Zionismus erstrebt für das jüdische Volk die Schaffung einer öffentlich-rechtlich gesicherten Heimstätte in Palästina. (Baseler Programm)

Das Programm

Erklärung der Reichsvertretung

Am Beginn der nationalen Bewegung des jüdischen Volkes steht die Erkenntnis von der Notwendigkeit der Autoemanzipation. Schon vor zwei Menschenaltern haben Juden, die die Geschehnisse ihrer Zeit zu deuten verstanden, erkannt, daß kein Volk seine Freiheit von anderen geschenkt bekommt und daß jedes Volk

Die Reichsvertretung der Juden in Deutschland gibt folgendes bekannt:

4. Diesen vielfältigen und schwierigen Aufgaben ist eine verarmte Gemeinschaft nicht gewachsen. Die Reichsvertretung wird mit allen Mitteln versuchen, die wirt-

Die Reichsvertretung der Juden in Deutschland gibt folgendes bekannt:

I.

„Die vom Reichstag in Nürnberg beschlossenen Gesetze haben die Juden in Deutschland aufs schwerste betroffen. Sie sollen aber eine Ebene schaffen, auf der ein erträgliches Verhältnis zwischen dem deutschen und dem jüdischen Volke möglich ist. Die Reichsvertretung der Juden in Deutschland ist willens, hierzu mit ihrer ganzen Kraft beizutragen. Voraussetzung für ein erträgliches Verhältnis ist die Hoffnung, daß den Juden und jüdischen Gemeinden in Deutschland durch Beendigung der Diffamierung und Boykottierung die moralische und wirtschaftliche Existenzmöglichkeit belassen wird.

Die Ordnung des Lebens der Juden in Deutschland erfordert die staatliche Anerkennung einer autonomen jüdischen Führung. Die Reichsvertretung der Juden in Deutschland ist das hierzu berufene Organ. Hinter ihr steht bis auf geringe Ausnahmen die Gesamtheit der Juden und jüdischen Gemeinden, insbesondere alle Landesverbände und alle Großgemeinden, sowie die freien jüdischen Organisationen:

Zionistische Vereinigung für Deutschland,
Centralverein der Juden in Deutschland,
Reichsbund jüdischer Frontsoldaten,
Vereinigung für das religiös-liberale Judentum,
die organisierte Gemeinde-Orthodoxie,
Jüdischer Frauenbund

Trotz der Gesetze von Nürnberg gedachten noch immer offizielle Vertreter der jüdischen Menschen in Deutschland „ein erträgliches Verhältnis zwischen dem deutschen und dem jüdischen Volke . . .“ herzustellen.

Doch kehren wir zurück in die zwanziger Jahre, als noch Denkschriften verfaßt und Reden gehalten werden.

Reichstagswahl

Wahlkreis Berlin

1	**Nationalsozialistische Deutsche Arbeiter-Partei (Hitlerbewegung)** Dr. Goebbels – Graf zu Reventlow – Schuhmann – Dr. Fabricius	1	○
2	**Sozialdemokratische Partei Deutschlands** Crispien – Aufhäuser – Frau Bohm-Schuch – Litke	2	○
3	**Kommunistische Partei Deutschlands** Thälmann – Pieck – Torgler – Kayser	3	○
4	**Deutsche Zentrumspartei** Dr. Brüning – Dr. Krone – Schmitt – Bernoth	4	○
5	**Deutschnationale Volkspartei** Laverrenz – Berndt – Wischnövski – Koch	5	○
5a	**Radikaler Mittelstand** Mylius – Dr. Wörbelauer	5a	○
6a	**Interessengemeinschaft der Kleinrentner und Inflationsgeschädigten** Pitak – Stoinski – Jochens – Bittkow	6a	○
7	**Deutsche Volkspartei** Dr. Mahler – Dr. Müller – Frau Haß – Müller	7	○
8	**Deutsche Staatspartei** Dr. Schreiber – Colosser – Dr. Goepel – Frau Beerensson	8	○
9	**Christlich-sozialer Volksdienst (Evangelische Bewegung)** Hartwig – Frau Ulbrich – Lüthje – Kogelschatz	9	○
9a	**Deutsch-hannoversche Partei** Meyer – Prelle – Meier – Salker	9a	○
10	**Reichspartei des deutschen Mittelstandes** Mollath – Koch – Gröger – Heinicke	10	○
13	**Deutsches Landvolk** Dr. Ponfick – Backer	13	○
14	**Volksrecht-Partei** D. Dr. Graf Posadowsky-Wehner – Bauser – Brink – Mende	14	○

Wer die Wahl hat . . .

15	**Gerechtigkeits-Bewegung-Meißner** Meißner — Brandt	15	○
17	**Sozial-Republikanische Partei Deutschlands (Hörsing-Bewegung für Arbeitsbeschaffung)** Hörsing — Hauff — Dr. Hamburger — Krystek	17	○
18	**Sozialistische Arbeiter-Partei Deutschlands** Ledebour — Seydewitz — Dr. Zweiling — Dr. Sternberg	18	○
19	**Polenliste** Kwietniewski — Labecki — Sierakowski — Staniecki	19	○
21	**Freiwirtschaftliche Partei Deutschlands (F.P.D.) Partei für krisenfreie Volkswirtschaft** Graske — Banzhaff — Last — Mix	21	○
25	**Kampfgemeinschaft der Arbeiter und Bauern** Müller — Wawrzinek — Hirschfeld — Rücker	25	○
26	**Haus- und Landwirtepartei (Bund für Wirtschaftsreform)** Staegemann — Borchert — Meinen — Sakulowski	26	○
27	**Kleinrentner, Inflationsgeschädigte und Vorkriegsgeldbesitzer** Beer — Sielmann — Huhn — Bungert	27	○
28	**Deutsche Bauernpartei (National-Republikanische-Partei)** Sohan — Wist	28	○
29	**Radikaldemokratische Partei** …ncke — Frau Brinckmann — Dr. Danielewicz — Frau Straßer	29	○
31	**Enteigneter Mittelstand** Krämer — Hellwig — Herfort	31	○
32	**Handwerker, Handel- und Gewerbetreibende** Richter — Röseler	32	○
33	**Für Hindenburg und Papen (Nationalistische Kampfbewegung)** Preukschat — Frau Tangermann — Buja	33	○
35	**Unitaristen Union Deutschlands (Einheitsbewegung aller Schaffenden)** Kindt — Siebert — Willhain — Paritschke	35	○
36	**Mittelstands-Partei (Unitaristen)** Schacht — Kornetzki — Kunert	36	○

Bänkelsang von Ludwig Renn

Es zog ein Mann die Straß entlang,
Hatt weder Essen noch Bleibe.
Es zog 'ne Frau die Straß entlang
Und hatt ein Kind im Leibe.

Er zog wohl vor das Arbeitsamt
Und wollte Arbeit und Essen,
Doch nirgends, nirgends er Arbeit fand,
Er hat im Regen, Regen gesessen.

Und als er saß auf der harten Bank,
Da ist auch die Frau zugekommen,
Von ihrem Kinde da war sie so krank,
Kein Arzt hat ihr's abgenommen.

Und als sie saßen 'ne Weile dort,
Da hat sie der Schutzmann vertrieben.
Er sagte: „Das ist hier nicht der Ort
Für Huren und für Diebe."

Doch glaubt ihr, daß es so gehen kann
Bis zu den letzten Tagen?
Es kommt der Tag, und wir greifen an
Und wir werden sie verjagen.

Wir schaffen ab die Arbeitsnot
Und helfen jedem Weibe,

Dann haben alle Menschen Brot, Brot Und jeder eine Bleibe.

„Wer Arbeit hat, hat Neider" und „Kartoffelernte" schrieb der Fotograf Walter Ballhause aus Plauen unter seine Bilder.

Das Gedicht von Ludwig Renn ist beeindruckende Schilderung des Elends der arbeitenden Massen gegen Ende der zwanziger Jahre.

Die Produktion hatte sich in den zwanziger Jahren anfangs stabilisiert. Die aus den Kriegsergebnissen zunächst geschwächten Unternehmen kräftigten sich, zum Teil mit ausländischem, besonders amerikanischem Kapital, und die Werke der Stahlindustrie zum Beispiel, die Elektrische Industrie oder die Chemiewerke werden in immer größeren Verbänden zu Konzernen zusammengefaßt.

Die Leistung der deutschen Arbeiter war 1928 gegenüber ihrem Leistungsvermögen im Jahre 1923 auf das Doppelte gestiegen. Aber im Winter 1928/29 werden mehr Menschen als 1927 arbeitslos.

Und mit dem Oktober 1929 zieht ein Ereignis herauf, das als „Schwarzer Freitag“ in die Geschichte eingegangen ist und die Lage noch verschlechtern wird.

Ende der zwanziger Jahre haben fast eine Million Menschen keine Wohnung. Viele wohnen zur Untermiete. Viele leben in überfüllten Wohnungen, mehr als vier Personen müssen mit einem Raum auskommen. Die Selbstmordziffern steigen. Diebstähle stehen in jenen Jahren an erster Stelle aller Straftaten. Und Tuberkulose ist eine gefürchtete Volkskrankheit. An ihr sterben 10 Prozent aller Kinder, die das erste Lebensjahr nicht erreichen.

Im Juli 1929, dem besten Monat des Jahres, waren „nur“ 1,35 Millionen Menschen in Deutschland arbeitslos.

In den ersten Monaten 1932 betrug die Zahl 6 Millionen.

Die Menschen suchten Auswege aus ihrem Elend und ihrer Zukunftslosigkeit.

Die einen wandten sich den Linken zu und blickten auf das, was in der Sowjetunion geschah.

Lob des Kommunismus

Er ist vernünftig, jeder versteht ihn.
Er ist leicht.
Du bist doch kein Ausbeuter,
du kannst ihn begreifen.
Er ist gut für dich,
erkundige dich nach ihm.
Die Dummköpfe nennen ihn dumm,
und die Schmutzigen
nennen ihn schmutzig.
Er ist gegen den Schmutz
und gegen die Dummheit.
Die Ausbeuter nennen ihn ein Verbrechen.
Aber wir wissen:
Er ist das Ende der Verbrechen.
Er ist keine Tollheit, sondern
Das Ende der Tollheit.
Er ist nicht das Chaos
Sondern die Ordnung.
Er ist das Einfache,
Das schwer zu machen ist.

Bertolt Brecht

Kurt Tucholsky hat vor 1933 geschrieben:

„Man hat uns zu berücksichtigen, wenn man von Deutschland spricht, uns: Kommunisten, junge Sozialisten, Pazifisten, Freiheitsliebende aller Grade; man hat uns mitzudenken, wenn ‚Deutschland' gedacht wird ... Wie einfach, so zu tun, als bestehe Deutschland nur aus den nationalen Verbänden. Deutschland ist ein gespaltenes Land. Ein Teil von ihm sind wir."

Aber wo waren die anderen?

Dr. Joseph Goebbels, Hitlers und der Faschisten Propagandist, erdachte „Zehn Gebote für jeden SA-Mann:

„1. Dein Vaterland heißt Deutschland. Liebe es über alles, und mehr in Taten als in Worten."
Wir fragen: In welchen Taten?
„5. Sei stolz auf Deutschland. Du darfst das sein, auf ein Vaterland, für das Millionen ihr Leben gaben."
Wir fragen: Warum gaben Millionen ihr Leben?
„6. Wer Deutschland schmäht, schmäht Dich und Deine Taten: schlag mit der Faust darein."
Wir fragen: Und wer soll geschlagen werden?
„7. Auf einen Schelmen setze anderthalben. Wo man Dir Dein gutes Recht versagt, gibt Gott Dir das Faustrecht."
Wir fragen: Was ist „gutes Recht"?
„9. Halte es mit dem Leben so, daß Du dereinst vor einem neuen Deutschland nicht erröten brauchst."
Wir fragen: Was für ein Deutschland soll das werden, dieses „neue"?

Ein Befehl der SA hieß:
„Sturmriemen runter – Hemdsärmel hoch!"
Ein Motto:
„Blut kittet aneinander, also soll Blut fließen."
Eine beliebte Frage:
„Hat jeder was zum Schlagen?"

Und nun ein Lied der SA:

„Kameraden, laßt erschallen ein sturmgewaltig Lied,
Den Helden soll es schallen, vertraut in Nord und Süd,
Im Osten und im Westen, wo Hitlers Fahne weht:
Wir zählen zu den Besten, solang die Treu besteht:
Und sieht man uns, so sagt man, wenn wir vorüberziehn:
Das sind die Hitlerleute, vom Ersten Sturm, Berlin!"

„Der Sturmabend war sein ‚Feiertag', steht im Erinnerungsbuch eines SA-Mannes, an dem sein Herz höher schlug: An diesem Abend war er mit denen zusammen, die ebenso dachten wie er, die denselben Pulsschlag hatten und denen es ebenso dreckig ging wie ihm ... An diesem Abend vergaß er die graue, furchtbare, niederdrückende Not."

Prinz August Wilhelm von Preußen (rechts) beim „Stahlhelmtag“ 1927 in Berlin

Jener Prinz August Wilhelm von Preußen trug aber bald eine andere Uniform. Als SA-Gruppenführer betrat er im Mai 1933 den Deutschen Reichstag.*

Ja, noch wettert der nationalsozialistische Vertreter Wagner im Reichstag, wo die NSDAP seit dem 20. Mai 1928 mit Abgeordneten vertreten ist, gegen die Besitzenden:

„Die Riesengewinne der Industrie stehen in der Hauptsache nicht der Produktion zur Verfügung, sondern fließen in die Taschen der Kuponschneider, jener Aufsichtsratsmenschen*, die nicht den geringsten sittlichen Anteil an der Produktion haben. Deshalb ist auch die Stellung der Unternehmer eine absolut volksfeindliche. Wir sind daher entschlossen, solange die deutschen Unternehmer auf seiten des Finanzkapitals kämpfen, gegen sie Front zu machen." ...
Gesprochen und protokolliert im Reichstag am 13. 11. 1928.

Und auf einem Plakat der Faschisten wird der Nationalsozialismus im September 1930 den Wählern so angepriesen:

„Das ist eine Idee! Der Nationalsozialismus! Gemeinschaft des Volkes gegen Korruption, Betrug und Verrat.

Raus Ihr Bonzen und Schmarotzer,
Ihr Nutznießer unserer Sklaverei,
Ihr Büttel des Finanz-Kapitals!*

Eure Stunde hat geschlagen. Adolf Hitler ist unser Mann!
In seine und seiner Getreuen Hände legen wir vertrauensvoll unser Schicksal.
Mit unserer Hilfe führt er uns durch Opfer, Arbeit, Kampf und Not zu Freiheit und Brot!
Ausmisten! Wählt Nationalsozialisten, Liste 9!"

Das waren Worte, die manchem Hungernden, manchem Arbeitslosen, manchem fast Verzweifelnden einleuchtend und vielleicht sogar verlockend erschienen. Alle wollten sie Arbeit, alle Brot für ihre Kinder.
„Ausmisten"! Das hörte sich ganz kräftig an. Und Worte wie national und Sozialismus klangen ebenso vertrauenerweckend. Außerdem, litten nicht alle Deutschen noch unter dem Vertrag von Versailles? Wollten nicht viele arbeitende Menschen seit der verlorenen Novemberrevolution noch immer irgendwo, irgendwie einen – wenn auch unbestimmt ersehnten – Sozialismus?

Jedenfalls erhielt am 14. September 1930 die NSDAP 6,4 Millionen Wählerstimmen. Die SPD noch 8,6 Millionen, und die KPD unter Thälmanns Führung 4,6 Millionen. Interessant ist aber für die nächsten zwei Jahre, also vom 14. September 1930 bis zum 6. November 1932 diese Entwicklung:

Stimmenverhältnis:	am 31. 7. 1932	6. 11. 1932
SPD	7,9 Mill.	7,2 Mill.
KPD	5,4 Mill.	6,0 Mill.
NSDAP	13,7 Mill.	11,7 Mill.

Der jüngste Agitator

Da zeichnet sich doch eigentlich Erfreuliches ab. Die Nationalsozialisten verlieren innerhalb eines Vierteljahres 2 Millionen Wähler.
Und wenn wir die Stimmen derjenigen zusammenzählen, die sozialdemokratisch oder kommunistisch wählten, kommen noch am 6. November 1932 insgesamt 13,2 Millionen heraus. Also 1,5 Millionen Stimmen mehr als für die Nationalsozialisten.
Also wie, wird jeder fragen, kommt es, daß die Faschisten kurze Zeit darauf, am 30. Januar 1933, die Regierungsgewalt übertragen bekommen?
Die Haltung der SPD scheint klar und eindeutig. Ihr ranghöchster Vertreter, der sozialdemokratische preußische Ministerpräsident Otto Braun, hatte im März 1932, also vor den beiden Wahlen dieses Jahres, in der sozialdemokratischen Zeitung „Vorwärts" die deutschen Wähler so aufgerufen:

„Hindenburg oder Hitler. Zwischen beiden haben die Wähler zu entscheiden. Kann da die Wahl schwerfallen? Man sehe sich die beiden Männer an. Hitler, dieser Prototyp des politischen Abenteurers ... Demgegenüber Hindenburg. Pflichterfüllung für das Volksganze, dessen Leben klar vor aller Augen liegt, der nicht zuletzt auch durch seine siebenjährige Amtsführung als Reichspräsident bewiesen hat, daß sich alle auf ihn verlassen können, die Deutschland vor dem Chaos bewahren und in friedlicher, schicksalverbundener Zusammenarbeit aller Volkskreise aus dem jetzigen Wirtschaftselend wieder aufwärts führen wollen ...
Mich trennt in Weltanschauung und politischer Einstellung eine Kluft von Herrn von Hindenburg. Doch hat das Menschliche, das heute in unserem öffentlichen Leben leider kaum noch Geltung hat, eine Brücke über diese Kluft geschlagen, die uns zusammenführt, und eint in dem Streben, jeder nach seiner Überzeugung, das Wohl des Volkes zu fördern ...
Ich wähle Hindenburg und appelliere an die Millionen Wähler, die vor sieben Jahren für mich gestimmt und an alle, die darüber hinaus mir und meiner Politik Vertrauen entgegenbringen: Tut desgleichen, schlagt Hitler, wählt Hindenburg."

6 Millionen Naziwähler: Futter für ein großes Maul

„Und den Fisch hab' ich gewählt!"

Das Zeichen auf dem Zylinder des Hais ist das Symbol der Faschisten – ein Hakenkreuz. Es prangte auf den „Sturmfahnen" der SA, auch auf Uniformen als „Hoheitszeichen" und am Ende auf „Kriegsbeschädigtenabzeichen". Entlehnt war es germanischen Schriftzeichen, den Runen.

Noch einmal zur Erinnerung: Hindenburg, Paul von, Generalfeldmarschall:

„Der Krieg ist mir wie eine Badekur bekommen."

Auch die Kommunisten sagten: Schlagt Hitler. Sie wußten 1932 sehr genau, die NSDAP an der Macht, wäre das Ende jeglicher Freiheiten. Der Freiheit aller fortschrittlich Gesonnenen. Noch gibt es eine Verfassung, die Rede-, Presse- und Versammlungsfreiheit garantiert. Noch gibt es ein Parlament, in dem fortschrittlich eingestellte Abgeordnete unbehelligt ihre Meinung sagen dürfen. Noch gibt es das Streikrecht für die arbeitenden Massen. Und deshalb antwortete Thälmann auf die Frage, ob die Kommunisten ihre Forderung nach einer einheitlichen Kampffront aller gegen Hitler, gegen SA und SS, ehrlich meinten:

„. . . Täglich mordet die braune Pest unsere Genossen, schlägt unsere besten Kämpfer nieder, unternimmt provokatorische Angriffe auf unsere Parteihäuser; in den Gefängnissen schmachten Tausende unserer Genossen, die den wehrhaften Kampf gegen das faschistische Verbrechertum führten. Das Hitlersche Offiziers- und Prinzenpack hat erklärt, daß es die kommunistische Bewegung, das sind viele Millionen revolutionärer Männer und Frauen, ausrotten, hängen, köpfen und rädern will. Und angesichts dieser Tatsache, angesichts der drohenden Gefahr, daß aus Deutschland ein Land des Galgens und des Scheiterhaufens wird, sollten wir Kommunisten die antifaschistische, proletarische Einheitsfront nicht ehrlich meinen? . . .

16. Jahrg. / Nr. 25 Preis 15 Pfennig Auswärts 30 Pf. — Berlin, Sonntag, 29. Januar 1933

Die Rote Fahne

Zentralorgan der Kommunistischen Partei Deutschlands (Sektion der Kommunistischen Internationale)

Redakt.: Berlin C 25, Kl. Alexanderstr. 28. Tel.: E 1 Berolina 5481, Tel.-Adr.: Rotfahne Berlin. Verl.: Verein Zeitungsverlage GmbH. Berlin C 25, Kl. Alexanderstr. 28, Postscheck: Berlin NW 27 970.

Erscheint täglich außer Montags

Anzeigenverwaltung: Anzeigen-Expedition für die Arbeiterpresse G. m. b. H., Berlin SW. 68, Hedemannstr. 23 I. Sammelnummer: Bergmann 7538. Schluß der Anzeigenannahme 16 Uhr.

Bezugspreis in Berlin u. Orten mit eig. Zustellung: pro Woche 60 Pf., pro Monat 2.60 M. einschl. Trägerlohn. Postbezug pro Monat 2.60 M. nebst Bestellgeld. Streifband im Inland 4.20 M., im Ausland 4.50 M.

Begründet von Karl Liebknecht und Rosa Luxemburg

Anzeigenpreis: Die 12gesp. Millimeterzeile 35 Pf.; die 3gesp. Textmillimeterzeile 2.50 M. Arbeiterorgan. u. Familienanz.: Millimeterz. 20 Pf. Kleine Anz.: Textwort 20 Pf. Ueberschriftwort 30 Pf. Arbeitsmarkt Wort 5 Pf.

Alarm! Alarm! Neuer 20. Juli droht!

Einheitsfront der Tat gegen den faschistischen Generalangriff!

Schleicher zurückgetreten — Papen von Hindenburg beauftragt — „Präsidial"- oder Hitlerkabinett zur Niederwerfung des revolutionären Massenwiderstandes — Die sozialdemokratischen Führer für eine „parlamentarische" Hitlerregierung

Wir Kommunisten stellen nicht einmal Bedingungen an die Arbeiterklasse mit Ausnahme der einen: der kühnen aufopfernden Bereitschaft und des Willens, unter Einsatz aller proletarischen Kampfmittel den Massenkampf gegen Faschismus und Lohnraub zu führen."

Am 8. Juli 1932

Ein kurzer Ausschnitt aus einem Interview, das der Militärbefehlshaber für Berlin und Brandenburg, Generalleutnant Gerd von Rundstedt, am 21. Juli 1932 für das „12-Uhr-Blatt" gab, möge genügen, um die Situation darzustellen:

„Wohl habe ich im Laufe des Nachmittags das kommunistische Flugblatt, das zum Streik aufrief, in großer Zahl beschlagnahmen lassen, aber dankenswerterweise hat sich ja die Sozialdemokratische Partei dieser Streikparole nicht angeschlossen, sondern im Gegenteil zur Ruhe und Besonnenheit gemahnt."

ein „Schicksalstag

30. Januar 1933 -

der deutschen Nation“?

Am 26. November 1932, 20 Tage also nach der Wahl, bei der die Faschisten Stimmen verloren, gab ein von den Industriellen Otto Wolff und Friedrich Flick finanziertes Pressebüro folgende Information an Herrn Franz Bracht, der seit dem Juli 1932 zunächst Reichskommissar für Preußen und später Innenminister war:

„Vertraulich!
Die Tagung des Langnamvereins (ein Verein von Großkapitalisten; d. Verf.) in Düsseldorf, die wohl ursprünglich im Rahmen des Papen-Programms und zur Stützung vorgesehen war, ergab anläßlich der zwanglosen Unterhaltung die überraschende Tatsache, daß fast die gesamte Industrie die Berufung Hitlers, gleichgültig unter welchen Umständen, wünscht. Während man noch vor wenigen Wochen Papen zugejubelt hat, ist man heute der Auffassung, daß es der größte Fehler sei, wenn Hitler, auch unter Vorbringung ernsthafter Gründe, nicht mit der Regierungsbildung beauftragt würde.
Scholz“

Dieser vertraulichen Information waren drängende Eingaben einflußreicher Industrieller an den Reichspräsidenten Hindenburg vorausgegangen. Der ehemalige Generalfeldmarschall wurde gebeten, endlich „einzugreifen in das Rad der Geschichte“ und Hitler zum Reichskanzler zu machen.

Wir fragen: **Warum diese Eile?**

Antwort gibt folgende Chronologie:

1932 Januar:
Die Statistik ergibt: 6 Millionen Arbeitslose in Deutschland

20.–23. Februar:
Vorschläge der KPD zur Einheitsfrontpolitik mit allen gegen den Faschismus gerichteten Kräften des Volkes

25. April:
Appell der KPD an alle sozialdemokratisch und gewerkschaftlich organisierten Arbeiter zur Einheitsfront

25. Mai:
Aufruf der KPD zur „Antifaschistischen Aktion“. In ganz Deutschland werden in Betrieben, Gewerkschaften und Wohngebieten Ausschüsse der Antifa-Aktion gewählt.

1. Juni:
F. v. Papen wird Reichskanzler. Er und seine Regierung stehen den Faschisten nahe und bereiten die Machtübergabe an sie vor.

Juni:
Zahlreiche Massenversammlungen und antifaschistische Aktionen von Arbeitern in ganz Deutschland

3. Juli:
100 000 Teilnehmer im Berliner Lustgarten bekunden ihren Willen zum Antifaschismus.

10. Juli:
Einheitskongreß der Antifa-Aktion; 1 465 Delegierte aus 70 örtlichen Ausschüssen nehmen teil.

10.–17. Juli:
Antifaschistische Kampfwoche; machtvolle Demonstrationen in ganz Deutschland

4. September:
Eine Notverordnung der Regierung Papen gestattet den Industriellen, die gesetzlich festgelegten Löhne der Arbeiter nicht weiterzuzahlen. Drastischer Lohnabbau ist die Folge.

September/Dezember:

Machtvolle Streikbewegung in ganz Deutschland verhindert die Durchführung der Notverordnung. Die Arbeiter werden sich ihrer Kraft bewußt.

Und noch etwas beunruhigte die Besitzenden:

Die „Flamme von Petrograd" hatte inzwischen Hochöfen zum Glühen gebracht.

Magnitka, an dessen Aufbau besonders die Jugend teilnahm

Die Hochofenabteilung eines Industriegiganten des ersten Fünfjahrplans, des Magnitogorsker Hüttenkombinates

1932 wird in Magnitogorsk, Sowjetunion, das erste Roheisen abgestochen, der erste Stahl geschmolzen und gewalzt. Die Nachrichten über Magnitogorsk gingen in alle Welt. Mit Magnitogorsk konnte sich 1932 nur das weltgrößte Hüttenwerk „Harry" bei Chikago vergleichen lassen. Dabei hatte 1930 über dem Gebiet, auf dem Werk und Stadt Magnitogorsk zu finden sind, nur der eiskalte Buran im Winter über die leere Steppe geweht. Und noch 1931 war der Ort „ein gottverlassenes Dörfchen drunten am Fluß". In seiner Nähe entstanden Kosakenlager, kirgisische Nomadenlager, baschkirische Dörfer. Doch mit einem Mut und Eifer ohnegleichen und einer tiefen Überzeugung, das Beste für die Sowjetunion zu geben, erbauten besonders junge Sowjetbürger das neue Werk. Ihnen halfen Finnen, Polen, Rumänen, Italiener, Serben, Kroaten, Ungarn, Österreicher und Deutsche. Magnitka, wie es kurz genannt wird, war zum Symbol geworden. Zum Ausdruck dessen, was möglich ist, wenn eine befreite Arbeiterklasse die Macht in ihre Hände nimmt. Und auch diese Tatsache darf – neben anderen – nicht vergessen werden, wenn wir verstehen wollen, was zum 30. Januar 1933 führte. Magnitka war ein Signal! Da drohte den Herren an der Ruhr – und nicht nur ihnen – ein Konkurrent aufzuwachsen. Ein Konkurrent, der keinem Konzern, sondern einem Volk gehörte. Das durfte sich auf keinen Fall in Deutschland wiederholen. Den Herren wurde es heiß unter den Füßen.

Erinnern wir uns: August 1914. Der erste Weltkrieg ist noch nicht vorüber: Protokoll der Kriegsrohstoffabteilung des Mansfeldkonzerns:

„... Der Charakter des jetzigen Krieges bringt es mit sich, daß mit der Möglichkeit eines raschen Wiederauflebens der Feindseligkeiten noch geraume Zeit nach dem Abschluß des Friedens zu rechnen ist ...
Ebenso ist damit zu rechnen, ... daß also dann unsere ganze Bevölkerung in den Dienst der Kriegsführung zu stellen ist."

Eine einige, selbstbewußte Arbeiterklasse ist für die Kriegsführung nicht geeignet. Also handelten die Herren und unterstützten großzügig jene, die ihre Hilfe anboten: Sie zahlten.

Der Großindustrielle Otto Wolff zahlte

im Jahr 1931 an die NSDAP 14 900,– Mark

im Jahr 1932 an die NSDAP 160 800,– Mark

Er war einer von mehreren. Es flossen die Spenden an Hitlers Partei ...

Wilhelm Pieck mußte sich den preußischen Polizisten als Reichstagsabgeordneter ausweisen.

Schon 1930 hatte es Wilhelm Pieck vor dem deutschen Reichstag als Vertreter der KPD ausgesprochen:

„Der Nationalsozialist Strasser hat in seiner Rede von der Verfolgung seiner Partei gesprochen. Ich kann ihm sagen, daß seine Partei nicht verfolgt wird, sondern von den großen Industrie- und Bankkreisen großgezüchtet, gehätschelt und mit Subventionen bedacht wird. Ja, die Bourgeoisie, die Hugenberg*, Scholz* und Brüning* heben die Nationalsozialisten in die Ministersessel,

weil sie wissen, die Nazis sind ein Arm des Monopolkapitals*!

Sehen Sie, hier oben auf dem Präsidentenstuhl sitzt ein Nationalsozialist, hinaufgehoben durch die Hilfe Hugenbergs, durch die Hilfe der Volkspartei, der Partei der Industriekapitäne, der Aufsichtsräte und der Großbanken. Ja, selbst die Katholiken aus dem Zentrum und der Bayrischen Volkspartei haben mitgeholfen, Herrn Stöhr dort oben hinaufzusetzen. Kann sich aber ein einziger Arbeiter in Deutschland vorstellen, daß ein Hugenberg, ein Bankdirektor der Volkspartei oder irgendein Zentrumsmann den Kommunisten Wilhelm Pieck wählt? Das kann sich keiner vorstellen. Und ich bin stolz darauf, daß mich nicht einer von ihnen gewählt hat."

Die Herren von Rhein und Ruhr bestürmten den Reichspräsidenten mit Eingaben. – Schon 1931:

„Eure Excellenz! Im Namen des deutschen Schicksals, das sich heute vollzieht: Greifen Sie in das Rad der Geschichte ein. Weiteste Kreise unseres Volkes sind der Überzeugung, daß die Männer, denen Eure Excellenz seither Vertrauen schenkten, dieses Vertrauen nicht mehr rechtfertigen. Unvereinbar mit der Verfassung wird die heute weitaus stärkste Partei, die NSDAP, von jedem Einfluß ausgeschaltet. ... Eure Excellenz, vollenden Sie die geschichtliche Sendung Ihres Lebens!
Befreien Sie das deutsche Volk ..."

Unterzeichnende Mitglieder der Wirtschaftspolitischen Vereinigung Frankfurt a. M. waren unter anderem: Walter Dyckerhoff von der Baufirma Dyckerhoff & Söhne; Emil Gutbrod, Inhaber eines Chemieunternehmens; Dr. Geisow von der IG Farbenindustrie AG; Dr. Traupel von den Kruppwerken.

Und nach der Wahl vom 6. November 1932:

„... Wir erkennen in der nationalen Bewegung den verheißungsvollen Beginn einer Zeit, die durch Überwindung des Klassengegensatzes die unerläßliche Grundlage für einen

Wiederaufstieg der deutschen Wirtschaft

erst schafft. Wir wissen, daß dieser Aufstieg noch viele Opfer fordert.
Die Übertragung der verantwortlichen Leitung an den Führer* wird Millionen Menschen, die heute abseits stehen, zu bejahender Kraft mitreißen ..."

Am 30. Januar 1933 war es soweit. Hitler wurde zum Reichskanzler gemacht. Seine Ernennung durfte nicht mehr verschoben werden.
Der 30. Januar war also kein „Schicksalstag“, wie die Faschisten ihn gern verstehen wollten.

Der 30. Januar 1933 war die jahrelang von den Herren aus Industrie und Banken genau vorbereitete Machtübertragung an den Diktator, der schon 1923, zehn Jahre zuvor, gesagt hatte:

„Ich wollte der Zerbrecher des Marxismus* werden ...“

Die SA feierte ihren neuernannten Reichskanzler. Mit Fackeln zog sie durch die Straßen Berlins.

Dafür bedankten sich jetzt die Herren, die 1919 „Himmel und Hölle ..." in Bewegung gebracht hatten gegen das „aufmüpfige Arbeitervolk". Sie und noch andere Repräsentanten der damaligen Gesellschaft: General vom Blomberg, Reichswehrminister im Kabinett Hitler, erklärte seinen Kommandeuren am 3. Februar 1933, bei der Bildung des Kabinetts habe die Frage des Reichswehrministers die Hauptrolle gespielt. Der Eintritt der Nazis in die Regierung sei entschieden gewesen, als sich ein aktiver General zur Mitarbeit unter Hitler bereit gefunden habe ... Und alsbald zeigt sich ein Bischof, der Bischof Dibelius, zur Mitarbeit ebenso bereit, als er predigt:

„Ein neuer Anfang staatlicher Geschichte steht immer irgendwie im Zeichen der Gewalt. Denn der Staat ist Macht. Neue Entscheidungen, neue Orientierungen, Wandlungen und Umwälzungen bedeuten den Sieg des einen über den anderen. Und wenn es um Leben und um Sterben der Nation geht,

dann muß die staatliche Macht kraftvoll und durchgreifend eingesetzt werden, es sei nach außen oder nach innen."

„Volkskanzler" Hitler und Reichspräsident Hindenburg. Sie erbeten, so scheint es, Gottes Segen in dieser Garnisonkirche in Potsdam.

Die ersten, die entschlossen den Faschisten am 30. Januar entgegentraten, waren die Kommunisten:

„Auf zum Kampf! Der Tag ist da! Die Stunde des Handelns ist gekommen. Arbeiter aller Richtungen! Nach Parteibüchern wird jetzt nicht mehr gefragt; jetzt wird gehandelt! Ein Schuft, wer jetzt von oben herab zu sabotieren versucht. Arbeitendes Volk in Stadt und Land, auf deiner Seite ist der Sieg gegen den Faschismus, auf deiner Seite ist die Macht, wenn du einig kämpfst!“

Aus dem Aufruf der KPD zum Generalstreik gegen die Einsetzung des Kabinetts Adolf Hitler vom 30. Januar 1933

Am gleichen 30. Januar 1933 jedoch lehnte der Vorstand der SPD jeden außerparlamentarischen Kampf* gegen die Faschisten, zum Beispiel den Generalstreik in Deutschland, ab und begründete es so:

„Gegenüber dieser Regierung der Staatsstreichdrohung* stellt sich die Sozialdemokratie ...

... mit beiden Füßen auf den Boden der Verfassung und der Gesetzlichkeit ...

... Sie wird den ersten Schritt von diesem Boden nicht tun! ...

... Sie wird vielmehr durch Ausnutzung aller verfassungsmäßigen und gesetzlichen Mittel den allerschärfsten Kampf gegen diese Regierung führen. Sie überläßt die Verantwortung für den Ausbruch eines Ringens, das beiderseits nicht mehr mit den normalen Waffen des politischen Kampfes geführt werden sollte, ausschließlich ihren Gegnern ...
... die Situation ist voller Gefahren. Sie birgt auch die Möglichkeit einer überraschend schnellen und günstigen Entwicklung in sich.“

1933
30. Januar
Reichspräsident Hindenburg ernennt Hitler zum Reichskanzler. Innenminister wird der Faschist Frick; Reichskommissar (später Reichsminister) für Luftfahrt

bevorstehenden Reichstagswahl
3 Millionen Reichsmark
für die „Bekämpfung des Kommunismus".

22. Februar

In Preußen werden SA, SS und „Stahlhelm"* in die Rechte einer Hilfspolizei eingesetzt.

27. Februar

Ein offener Brief Thälmanns ruft alle politisch und gewerkschaftlich organisierten Arbeiter zum Kampfbündnis gegen den Faschismus.

Macht nach innen

Wie hatte der Bischof in Potsdam es formuliert:

„Und wenn es um Leben und um Sterben der Nation geht, dann muß die staatliche Macht kraftvoll und durchgreifend eingesetzt werden, es sei nach außen oder nach innen."

Was bedeutet sie im einzelnen, diese Macht, „kraftvoll und durchgreifend ... nach innen"?

„Am Mittwoch wird in der Nähe von Dachau das erste Konzentrationslager mit einem Fassungsvermögen für 5 000 Menschen errichtet werden. Hier werden die gesamten kommunistischen und, soweit dies notwendig ist, Reichsbanner*- und sozialdemokratischen Funktionäre, die die Sicherheit des Staates gefährden, zusammengezogen, da es auf die Dauer nicht möglich ist und den Staatsapparat zu sehr belastet, diese Funktionäre in den Gerichtsgefängnissen unterzubringen. Es hat sich gezeigt, daß es nicht angängig ist, diese Leute in die Freiheit zu lassen, da sie weiter hetzen und Unruhe stiften. Im Interesse der Sicherheit des Staates müssen wir diese Maßnahme treffen ohne Rücksicht auf kleinliche Bedenken. Polizei und Innenministerium sind überzeugt, daß sie damit zur Beruhigung der gesamten nationalen Bevölkerung und in ihrem Sinne handeln."

So konnten es alle in der Zeitung der Faschisten lesen, im „Völkischen Beobachter", am 21. März 1933.

Was es bedeutete, wenn ohne „kleinliche Bedenken" und „im Interesse der Sicherheit des Staates" ein Mensch in ein solches Konzentrationslager gebracht wurde, belegt ein Bericht, der kurze Zeit nach dem 21. März 1933 in Paris bekannt wurde:

„Der Kommunist Beimler erhielt die ersten vier Tage seines Aufenthaltes in Dachau weder Wasser noch Brot, sondern nur Prügel auf den nackten Körper vom Nacken bis zur Fußsohle. Als Prügelinstrumente wurden meterlange knotige Ochsenschwänze benutzt.
Die SS-Banditen stießen den Kommunisten Beimler in die Zelle, in der ein Leichnam lag, wiesen höhnisch auf den Toten und sagten ‚So wie der mußt du's auch machen!' Auf das Messer deutend, das neben der Leiche lag, äußerten sie: ‚Das Messer haben wir nicht zum Brotschneiden hingelegt.' Dann wollten sie Beimler zwingen, sich aufzuhängen. Sie drohten, daß, wenn er sich bis zum nächsten Morgen nicht aufgehängt hätte, sie es mit ihm tun würden. Sicherlich wäre dann wieder in der Presse eine Notiz zu lesen gewesen: ‚Der Kommunist Beimler hat sich in seiner Zelle erhängt'.
In dieser Todesgefahr gelang es Beimler zu entfliehen. In Strümpfen, kaum bekleidet, schleppte Beimler mit übermenschlicher Willenskraft seinen zerschun-

denen und zerschlagenen Körper nach München, wo ihn revolutionäre Arbeiter aufnahmen und weiterbeförderten."

Hans Beimler kämpfte als einer der ersten Freiwilligen auf seiten des spanischen Volkes im Freiheitskampf gegen die Faschisten. Er wurde politischer Kommissar im Thälmann-Bataillon.

Macht nach innen

Das bedeutete Inhaftierungen.
Das bedeutete Verbote.

„1. Wer im Besitz eines illegalen Flugblattes getroffen wird, ist bis auf weiteres in Polizeihaft zu nehmen. Wer Flugblätter den Polizeibehörden abliefert, bleibt unbehelligt.

2. Werden in einem Bereich (Stadt oder Kreis) illegale Flugblätter verbreitet, so sind sofort alle Führer der fraglichen Richtung (KPD, SPD oder ähnlich) bis auf weiteres in verschärfte Polizeihaft (Arrestzelle, Arrestkost usw.) zu nehmen.

3. Die Polizeibeamten und die Sonderkommandos haben bei Streifen gegenüber Flugblattverteilern, die sich nicht auf den ersten Anruf stellen,

sofort von der Waffe Gebrauch zu machen.“

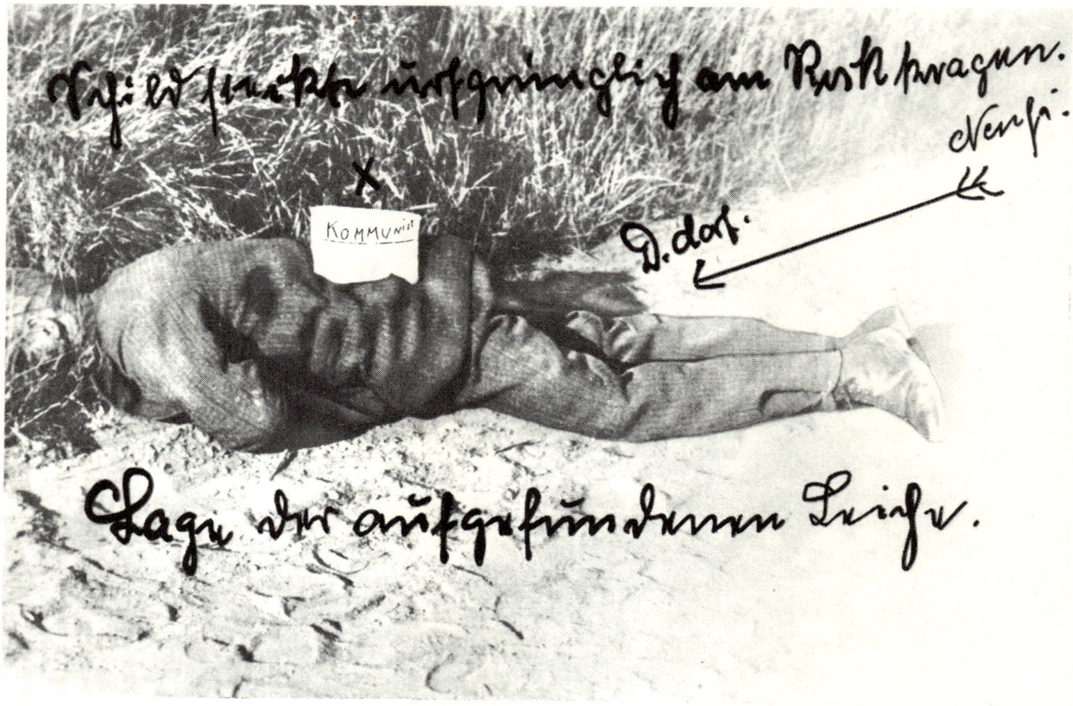

Doch trotz des „Schießerlasses“ Görings, trotz aller Verbote für Flugblätter und andere Druckschriften, schwiegen die Antifaschisten nicht.

Die nachfolgenden Meldungen bekunden es:

Stuttgarter Polizei-Pressestelle:
„Obwohl die Beschlagnahme und Einziehung sämtlicher kommunistischer Druckschriften schon am 1. März 1933 angeordnet worden ist, werden immer noch kommunistische Flugblätter im Land verbreitet . . .“
(21. April 1933)

Berliner Polizei-Pressestelle:
„Bei der Durchsuchung wurde erhebliches Druckschriftenmaterial und zahlreiche Matrizen zur Anfertigung von Mai-Flugblättern in Steglitz und Friedenau gefunden . . .“
(28. April 1933)

Und die Bremer Polizeidirektion meldet:
„Trotz der vor einigen Tagen veröffentlichten polizeilichen Warnung vor der Verbreitung illegaler kommunistischer Druckschriften und dem Hinweis auf die hohen Strafbestimmungen, wurde am Dienstag Abend von kommunistischer Seite die illegale, 6 Seiten starke ‚Arbeiter-Zeitung‘ zur Verteilung gebracht . . .“
(26. Mai 1933)

„Sie sprechen soviel von der Feigheit Ihrer Gegner. Wir versprechen Ihnen, daß Ihre Verfolgungen uns härter, Ihr Haß uns reifer, Ihr Kampf uns kämpferischer machen werden.“

Ernst Toller, in einem offenen Brief an Joseph Goebbels, der im Exil veröffentlicht wurde.

Denn Macht nach innen

hieß nicht nur Inhaftierungen, hieß nicht nur Verbote. Es hieß auch Vertreibung.

In diesen ersten Wochen nach der Machtübergabe an Hitler und die Faschisten verließen ausgezeichnete Wissenschaftler, Künstler, Schriftsteller, Journalisten Deutschland. Wir nennen nur einige davon:

Prof. Albert Einstein (Physiker)
Prof. Dr. Emil Fuchs (Theologe)
Dr. Magnus Hirschfeld (Arzt)
Otto Klemperer (Dirigent)
Bruno Walter (Dirigent)
Arnold Schönberg (Komponist)
Kurt Weill (Komponist)
Hanns Eisler (Komponist)
Thomas Mann (Schriftsteller)
Heinrich Mann (Schriftsteller)
Ernst Toller (Schriftsteller)
Lion Feuchtwanger (Schriftsteller)
Kurt Tucholsky (Schriftsteller)
Anna Seghers (Schriftstellerin)
Prof. E. Gumbel (Publizist)
Egon Erwin Kisch (Schriftsteller)
F. C. Weiskopf (Schriftsteller)
Joh. R. Becher (Schriftsteller)
Erich Weinert (Schriftsteller)
Ludwig Renn (Schriftsteller)

Inhaftiert und ermordet

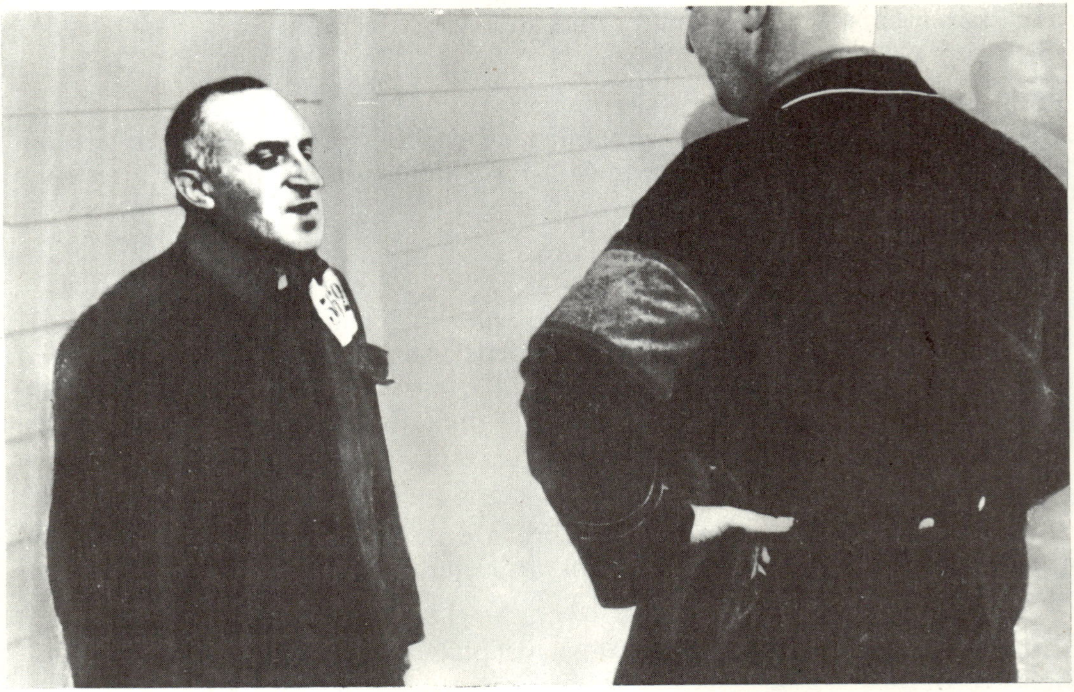

Carl von Ossietzky

Ernst Thälmann

vertrieben

Anna Seghers

Ernst Toller

Albert Einstein

Kurt Tucholsky

Macht nach innen

aber hieß immer und immer wieder:

Mord · Tod · Tote.

„Die große Stadt, die nie zur Ruhe kommt, deren Schlaf selbst nur eine Art Betäubung ist, lag noch im Dunst; die Sonne hatte sich noch nicht durchgekämpft. In die trübe Dämmerung hämmerte das Knattern von Motorrädern, lärmte brutal das Rumpeln der Lastautos. Frühaufsteher und Menschen mit dünnem Schlaf schauten erschrocken auf die daherrasenden Wagen mit SA. Das ordinäre Braun der Uniformen schien noch abstoßender als sonst. Die grellroten Armbinden mit dem Mörderkreuz blitzten bei der hurtigen Fahrt auf wie Blutspritzer.
Nahe der SA-Kaserne wurde ein zur Arbeit gehender Mann von einem der Autos überholt. Er sah einen Menschen in Zivil, der in den Haufen SA eingezwängt war, beschleunigte seine Schritte und ging dann zögernd an dem haltenden Wagen vorbei. Das Gesicht da oben kannte er doch? Das energische Kinn, die kantige Stirn, den ruhigen Blick hinter den Augengläsern – das war doch Hannes Stelling?
Ein SA-Mann schrie: ‚Mach, daß du weiterkommst!'
Der Mann ging ein wenig schneller. In einiger Entfernung sah er sich nochmals um. Er sprach mit sich selbst und schien wiederholt versucht, umzukehren, als habe er etwas vergessen.
Als er um die nächste Straßenecke bog, sauste wieder ein Wagen daher: zwei junge Zivilisten inmitten eines Haufens SA. In beiden erkannte er Genossen seines Viertels. Er erinnerte sich ihrer Namen und starrte dem Wagen nach, der verwegen die Kurve nahm . . ."

„Fabrikgebäude in Adlershof vor Betriebsbeginn. Arbeiter kamen einzeln, zu zweit, zu dritt, bildeten Menscheninseln, die sich lösten und in neuen Diskutiergruppen wieder zusammenfanden. Die Gesten waren schon Teil einer erregten Sprache. Innerhalb einer großen Insel sprach ein junger Arbeiter mit knochigem Asketengesicht und dünnem Kraushaar: ‚Ihr dürft mir glauben! Die SA-Leute brüsten sich selbst, daß von der Familie Schmaus nichts mehr übrig bleibt. Sie sagen zwar, der alte Schmaus habe Selbstmord begangen, aber wir glauben es nicht. Den Schwiegersohn sollen sie vor dem Haus erschossen haben. Die alte Frau Schmaus haben sie beinahe totgeschlagen und zusammen mit der Tochter weggeschleppt. Was sie von den Angehörigen der Familie erwischen konnten, haben sie zusammengefangen und ins Gefängnis gesteckt. Mindestens zwanzig unserer Genossen haben sie aus den Betten geholt! Wir wissen, daß Hannes Stelling, Paul von Essen und Aßmann dabei sind . . . Pohl, Pockert, Gebrüder Hasch, Spitzer, Krahl, Kayer . . . Was sollen wir tun?'
‚Das war sehr unüberlegt, was der junge Schmaus getan hat', sagte ein älterer Arbeiter.
Zornig erwiderte der junge Krauskopf: ‚Was täte denn jeder von euch, ehe er sich in die Hände dieser Totschläger begäbe? Er würde, wenn er noch eine

Waffe hätte, antworten wie der Anton Schmaus! Das ist die einzige Sprache, die jetzt verstanden wird.'
,Der Genosse hat recht!' rief einer aus der Gruppe. ,Wir müssen jetzt zeigen, daß wir unsere Freunde nicht im Stich lassen!' Das Wort Streik, das er aussprechen wollte, erstickte in seiner Kehle – er sah, daß die Gruppe von einem Spitzel beobachtet wurde.
Die Menscheninselchen fingen an, sich aufzulösen. Die Fabrikpfeife sprengte sie vollends auseinander; jeder war jetzt nur ein einzelner und ging nachdenklich an seine Arbeit."

„Nur die Nacht war Zeugin, als von der SA-Kaserne in Köpenick Lastautos mit abgeblendeten Lichtern in das abgründige Dunkel tauchten. Die Köpfe im hochgeschlagenen Mantelkragen, lehnten die Gestalten schattenhaft an den meterhohen Seitenwänden. Auf dem Boden lagen Bündel in altes Sackleinen verschnürt. Aus einem schauten ein Paar Männerschuhe heraus, die zu den Bewegungen des Wagens leise den Takt schlugen.
Die Autos fuhren eilig die Straße zum Müggelsee hinaus, schlichen seitwärts über die weichen Sandwege zu den Ufern, hielten im Walde oder an stillen Buchten. Die Gestalten packten die langen Bündel, hoben sie herunter, machten sich auf die Suche nach schweren Steinen, schoben sie in die Säcke und schnürten sie zu. Dann faßten sie zu viert an, zählten: ,Eins, zwei, drei!' und schleuderten die Last in den See.
Wenige Wochen später begannen die Wasser, Leichen an den Strand zu spülen. Die Steine hatten ihre Bürde losgelassen. Alle Toten waren fast bis zur Unkenntlichkeit entstellt. Die sonst so geschwätzigen Zeitungen schwiegen. Aber Berlin wußte . . ."

„Vor der angekündigten Stunde war die Beisetzungshalle mit Trauergästen bis in die Gänge angefüllt. Auf dem Sarg lag ein Strauß roter Nelken. Frauen traten heran und häuften rote Blumen auf das Bahrtuch.
Ein Mann im Gehrock, der Beauftragte des Feuerbestattungsvereins, begann in steifer Feierlichkeit zu sprechen. Schon nach wenigen Sätzen stockte er unter

den Blicken der Männer und Frauen. Seine Augen hingen an seinem Zettel; er spürte wohl den Abgrund zwischen sich und den Trauergästen. Als er aber mit etwas pastoraler Betonung sagte, der Tod sei ‚zu Johannes Stelling nicht als Feind' gekommen, rief eine Stimme:
‚Er ist ermordet worden!'
Der Redner stutzte, stotterte weiter, seine Worte fielen wie hohle Tropfen in den unheimlich stillen Raum. Der Sarg glitt hinweg. Ein Mann trat vor, reckte den rechten Arm, die geballte Faust leuchtete hell im Halbdunkel. Hunderte Fäuste reckten sich . . . ‚Freiheit!'
Es klang dumpf und grollend. Der Mann im Gehrock entfernte sich eilig. Eine Stunde später wiederholte sich die Szene, als die Überreste des Reichsbannerführers Paul von Essen dem Flammentod zugeführt wurden.
Elf Erschlagene hatten die Gewässer Berlins herausgegeben; aber allein aus Köpenick sind nach jener Blutnacht mehr als elf Opfer nicht mehr zurückgekehrt . . ."

So gestaltete sich aus der Erinnerung von einem, der dabei war, Walter Hornung, das Ende von Erschlagenen der berüchtigten „Köpenicker Blutwoche".
Aber nicht jeder Gefolterte konnte öffentlich verabschiedet und zu Grabe getragen werden.
Ungewißheit plagte viele, zu viele Frauen, deren Männer in die SA-Lokale, die Keller und SS-Zentralen abgeholt worden waren.

Macht nach innen

das hieß Verhaftungen
das hieß Inhaftierungen
das hieß Verbote
das hieß Vertreibungen
das hieß Morde Tod Tote
und immer wieder Tote!

„Am 18. März 1933 verstarb infolge eines tragischen Geschicks unser heißgeliebter hoffnungsvoller Sohn und Bruder, der Bäckerlehrling Siegbert Kindermann im eben vollendeten 18. Lebensjahr. Schildermalermeister Moritz Kindermann und Frau, Franseckystraße 5.
Beisetzung: Sonntag, den 26. März 1933, nachmitt. 2 Uhr Weißensee, Alte Halle.
Kondolenzbesuche dankend verbeten."

(Todesanzeige im „Berliner Tageblatt", März 1933)

Der jüdische Lehrling Kindermann, von dessen „tragischem Geschick“ die unauffällige Todesanzeige Kenntnis gibt, wurde im Jahre 1932 als Mitglied des völlig unpolitischen jüdischen Turnvereins „Bar-Kochba“ von Nationalsozialisten überfallen. Ein Nationalsozialist wurde deshalb angeklagt und verurteilt. Um dieses Urteil zu „rächen“, wurde nach der Machtergreifung Hitlers der junge Kindermann in die Nazi-Kaserne Hedemannstraße verschleppt, buchstäblich zu Tode geprügelt und auf die Straße geworfen. In seine Brust war ein großes Hakenkreuz eingeschnitten.

Den Faschisten in die Hände fallen, bedeutete Verderben. Zuerst für Kommunisten, jene Marxisten, die der Diktator vernichten wollte.
Wie unsere Zeitungsannonce aussagt, auch für Juden.
Und bald folgten Sozialdemokraten. Die im „Vorwärts“* vom 30. Januar 1933 vom Vorstand der SPD gesehene „Möglichkeit“ einer „günstigen Entwicklung“ stellte sich als tragischer Trugschluß heraus.

„Bielefeld, 3. April 1933.
Der sozialdemokratische Reichstagsabgeordnete und Stadtrat Schreck wurde gestern verhaftet; er liegt zur Zeit im Krankenhaus.“

Ein klassisches Zeugnis. Verhaftung ist identisch mit schwerer Verletzung.
Da nützt kein Dementi mehr. Die Hitlerpolizei hat selbst ihre Anklageschrift geschrieben.

Im August 1933 wurden die sozialdemokratischen Funktionäre Kurt Magnus, Hans Flesch, Hermann Giesecke, Alfred Braun, Friedrich Ebert und Ernst Heilmann (von rechts nach links) ins Konzentrationslager Sachsenhausen bei Oranienburg verschleppt.

In F. C. Weiskopfs „Anekdotenbuch“ finden wir die Beschreibung vom Mord an einem namhaften Arbeiterführer, der aber unvergessen blieb und in späteren Kämpfern – noch während der Nazizeit – wieder auflebte:

Fiete Schulze. „Er war ein Feind der Nazis, bevor sie zur Macht gelangten, und er blieb ihr Feind auch, nachdem sie ihr Drittes Reich aufgerichtet hatten.

Zwei Jahre lang stand er in den Reihen der Untergrundkämpfer. Dann fing ihn die Gestapo. Vor Gericht hielt er sich so tapfer, daß ihm sogar die Nazi-Richter ihre grollende Bewunderung nicht versagen konnten. Sie verurteilten ihn zu insgesamt dreihundert Jahren Zuchthaus; das waren, da Schulze achtunddreißig Jahre zählte, sieben ganze Leben, die ihm so abgesprochen wurden. Sie verurteilten ihn weiter dreimal zum Tode und zweimal zum Verlust dessen, was sie Ehre nannten. Den Kopf schlugen sie ihm – sie konnten nicht anders – nur einmal ab. Bevor dies geschah, rief Schulze, der als letzten Wunsch sich die Teilnahme des Gerichtshofes an der Hinrichtung ausgebeten hatte, mit fester Stimme:

‚Ein Kämpfer weniger, aber wir werden die Sieger sein!‘

Um die Worte des Verurteilten zu übertönen, begannen die Trommler der SS-Abteilung, die den Richtplatz absperrte, einen Wirbel zu schlagen. Auch wurde Fiete Schulze zu weiteren Rufen keine Zeit gelassen. Die Henker stürzten sich auf ihn, und er wurde in der nächsten Minute, wie es das Urteil verlangte, ‚vom Leben zum Tode befördert‘. Die Gestapo ließ den Leichnam verbrennen und die Asche, unbekannt wo, einscharren. Aber acht Jahre später, im Kriegssommer 1943, öffnete der Tote seinen Mund wieder: In der von englischen Bombern zertrümmerten Stadt tauchten Flugblätter auf, die den Hamburgern einige von Hitlers Prahlereien über die sichere Vernichtung Londons in Erinnerung brachten und sie zum Sturz der braunen Tyrannei aufriefen.

Die Flugblätter waren gezeichnet: ‚Gruppe Fiete Schulze‘.“

Opfer des faschistischen Terrors Anfang 1933 bis Mitte 1935 (nach unvollständigen Angaben der Roten Hilfe)

Ermordete	4 656
Prozesse	4 619
Angeklagte	21 433
Verurteilte	18 939
Todesstrafen	98
Lebenslänglich Zuchthaus	28
Gefängnis- und Zuchthausstrafen (in Jahren)	36 247

Hermann Göring aber sagte:

„Solange ich noch keine Kommunisten mit abgeschnittenen Ohren und Nasen herumlaufen sehe, ist kein Grund sich aufzuregen."

Übrigens war jener Hermann Göring der Organisator einer bis dahin unvorstellbaren Provokation, die Auftakt und Vorwand wurde für die benannten

Verhaftungen
Inhaftierungen
Verbote
Vertreibungen und
Morde

Es ist eine bekannte

die Methode

Methode,

der Provokation

Im Jahre 1886 inszenierte die Polizei von Chicago ein Bombenattentat, dem viele Menschen zum Opfer fielen. Als angebliche Täter wurden fünf revolutionäre Arbeiter hingerichtet. Die eigentlichen Täter wurden erst sieben Jahre später gestellt. In den Reihen der Polizei.

Das Attentat wurde begangen, um einen Anlaß für brutale Verfolgungen von Arbeitern zu haben.

Februar 1933

In der Nacht vom 27. zum 28. verkündet der Rundfunk über alle Sender:

„Der Reichstag brennt"

Reichstag von Kommunisten in Brand gesteckt

Ein Brandstifter verhaftet – Plenarsaal und große Kuppel ausgebrannt – Reichskanzler Hitler, Minister Goering und Polizeipräsident Levetzow an der Brandstelle

Gesländnis der kommunistischen Brandstifter

Berlin, 28. Februar.

Gestern abend kurz nach 9 Uhr entstand im Plenar-Saal des Reichstagsgebäudes Feuer. Die Flammen griffen in kurzer Zeit so schnell um sich, daß bald der ganze Plenar-Saal mit seiner Einrichtung brannte. Reichstagsbeamte entdeckten das Feuer und alarmierten Feuerwehr und Polizei. Inzwischen hatte der Brand im Plenar-Saal weiter um sich gegriffen, so daß die Flammen bis in die Kuppel hinaufschlugen. Die ersten eintreffenden Löschzüge schickten sofort einzelne Trupps an die Brandstelle und diesen gelang es, 20 verschiedene Brandherde

Minister Goering versuchte zunächst durch den Osteingang des Reichstagsgebäudes in das Innere des Baues zu gelangen, was jedoch unmöglich war, da die Türen verschlossen waren und die Schlüssel nicht so schnell besorgt werden konnten.

Von Sekunde zu Sekunde rasten die Feuerwehrlöschzüge heran. Oberbrand-Direktor Kempp meldete sich beim Minister Goering und wurde von ihm beauftragt, alle Maßnah-

Das Flammenzeichen

Mit der Brandstiftung im Reichstag hat der Kommunismus in Deutschland über die vielen Morde hinaus den Weg zu jener Art seiner Tätigkeit gefunden, die seit den Petroleusen der Pariser Kommune stets die Sehnsucht des Untermenschentums gewesen ist. Die Verbrecherkeller im endlich geschlossenen Karl-Liebknecht-Haus waren die Ausgangsstätten der kommunistischen Volksbedrohung, die Fraktionszimmer der K.P.D. im Reichstag die „immune" und „legale" Verschwörerzentrale gegen die deutsche Nation.

Die brennenden Säle des Reichstages,

Tage zuvor war die Öffentlichkeit von den Zeitungen auf eine Sensation vorbereitet worden. Und zwar auf eine von Kommunisten zu begehende Handlung.

Haussuchung im Reichstag

WTB meldet:

Wie wir von unterrichteter Seite erfahren, nahm Dienstag abend die politische Polizei wegen dringenden Verdachts vorbereitender Handlungen zum Hochverrat eine Durchsuchung in den Räumen des Reichstages vor, in denen eine kommunistische Versammlung von Angestellten und Betriebsvertretern tagte. Es wurde in den durchsuchten Räumen zahlreiches

S.A.-Mann Gerhard Schlemminger von Kommunisten erschossen

Berlin, 22. Februar.

Ein kommunistischer Neger sticht einen S.A.-Mann nieder

Neumünster, 23. Februar.

Dabei wurde das Karl-Liebknecht-Haus, das Gebäude des Zentralkomitees der Kommunistischen Partei Deutschlands, bereits vor Wochen von der Polizei besetzt und nach ergebnisloser Durchsuchung wieder geräumt.

Am 25. Februar brach im Berliner Schloß ein kleiner Brand aus, der von Kommunisten gelegt worden sei. Sagten ebenfalls einige Zeitungen.

Der ehemalige Polizeipräsident von Berlin war inzwischen nach Magdeburg versetzt worden und ein Nationalsozialist, der Konteradmiral a. D. von Levetzow, an seine Stelle getreten.

Am 26. Februar weiht ein damals sehr bekannter „Hellseher", Erick Hanussen, der SA-Führern nahestand, seine neue Wohnung in Berlin ein. Bei dem Fest veranstaltete er für seine Gäste, Künstler, Schauspieler, Journalisten, auch einige SA-Führer, eine „Sitzung", eine Séance. Und er sagt:

„Ich sehe – ein großes Haus – brennen."

Den 27. Februar schilderte später, nachdem er aus Deutschland geflüchtet war, ein SA-Mann:

„. . . erhielten wir mittags den Befehl, bis auf weiteres in unseren Unterkünften zu bleiben. Strenges Verbot, sich in Gruppen auf der Straße zu zeigen. Nur die Geldsammler mit ihren Büchsen hatten Ausgang und bestimmte Leute mit Sonderbefehlen.
Wir wußten nicht, was das bedeuten sollte, und warteten. Bis auf einmal, um 10 Uhr abends, der Befehl kam: ‚Alles im Laufschritt zum Brandenburger Tor! Waffen zu Hause lassen! Absperrungsdienst. Der Reichstag brennt!'
Der Berliner Gruppenführer Ernst versammelte einige von uns in der Bierstube an der Ecke Wilhelm- und Dorotheenstraße. Er beauftragte uns, in die verschiedenen Stadtteile zu eilen und in Kneipen an den Straßenecken zu verbreiten, daß die Kommunisten den Reichstag angezündet hätten, daß man bestimmte Beweise habe – kurz alles das, was am nächsten Tage in der Presse stand.
Um diese Zeit war noch nicht bekannt, daß van der Lubbe ein Holländer ist und daß der Abgeordnete Torgler als letzter den Reichstag verlassen hatte. Uns wurde dies alles als feststehende Tatsache mitgeteilt, und zwar mit solcher Sicherheit, daß uns alle die Wut gegen die Brandstifter faßte. Wir sausten los und erledigten unsere Aufgaben mit Feuereifer. Je öfter ich meine Geschichte wiederholte, um so ausführlicher wurde sie, und bald fühlte ich mich als Augenzeuge der Brandstiftung."

Der Berliner Oberbranddirektor und Leiter der Berliner Feuerwehr, ein Mann namens Gempp, wurde kurz nach dem Brand von seinem Dienst beurlaubt.

Die „Saarbrücker Volksstimme" – das Saarland wurde noch nicht von den Nazis regiert – meldete Ende April 1933:

„In einer Besprechung mit seinen Inspekteuren und Brandleitern hat Herr Gempp kurz vor seinem Ausscheiden Klage darüber geführt, daß die Feuerwehr zu spät alarmiert worden sei. Nur so sei es zu erklären, daß eine etwa 20 Mann starke SA-Abteilung sich bereits am Brandherd befand, als die Feuerwehr endlich erschien.
Ferner führte Herr Gempp darüber Klage, daß der Kommissarische Innenminister Preußens, Göring, ihm ausdrücklich verboten habe, sofort die höchste Alarmstufe zu verkünden und stärkere Feuerwehrkräfte einzusetzen.
Schließlich war Herrn Gempp aufgefallen, daß in den nicht zerstörten Teilen des Reichstagsgebäudes große Mengen nicht mehr verwendeten Brandstiftungsmaterials herumgelegen hätten; also in verschiedenen Zimmern, unter und in Schränken usw., Material, das allein einen ganzen Lastwagen gefüllt haben würde."

Ebenso wurde bekannt, daß dem diensthabenden Beamten bereits um 1 Uhr mittags durch den nationalsozialistischen Hausinspektor des Gebäudes befohlen worden war, den Dienst zu beenden. Es wäre nichts mehr an dem Tag zu tun . . .

Der Reichstag brennt!

Der Reichstag brennt!

„Das ist ein von Gott gegebenes Zeichen“,

erklärte Adolf Hitler etwa zwanzig bis dreißig Minuten nach der Entdeckung des Brandes zu seinem Vizekanzler Papen.

„Niemand wird uns daran hindern, die Kommunisten mit eiserner Faust zu vernichten.“

Am Tatort der Provokation: (von rechts nach links) Göring; dahinter verdeckt SS-Gruppenführer Sepp Dietrich; Hitler; Prinz August Wilhelm von Preußen; SS-Obergruppenführer Schaub, persönlicher Adjutant von Hitler; Goebbels; Staatssekretär von Hanke vom Propagandaministerium

Egon Erwin Kisch wurde in der Nacht des Reichstagsbrandes in Berlin verhaftet. Er verbrachte 14 Tage im Polizeigefängnis und wurde dann über die Grenze abgeschoben. Egon Erwin Kisch veröffentlichte als erster Schriftsteller eine Darstellung der Zustände in Gefängnissen und SA-Kasernen.

„Meine Begleiter gaben mich gegen Quittung an die Politische Polizei ab. Die Bänke auf beiden Seiten des Korridors sind besetzt, im Raum dazwischen ist der Kulturbolschewismus aneinandergedrängt. Alle kennen einander, und immer wieder, wenn ein neuer von Polizisten hereingeschleppt wird, begrüßen ihn alle.

Ich muß an einen Septembermorgen von 1914 denken, da saßen wir am österreichischen Ufer der Drina, Reste einer aufgeriebenen, über den Fluß zurückgeworfenen Division. Je eine Gruppe war das, was gestern noch ein Regiment gewesen war. Und immer wenn eine nasse, abgerissene Gestalt vorüberwankte, die zum Regiment gehörte, dann grüßten die Kumpane mit einem melancholischen Lächeln, rückten dichter aneinander, machten ihm Platz. So ähnlich sieht es heute aus. Anfangs begriff ich nicht, warum viele so verstört und blaß waren, erst später erfuhr ich, welche Gewaltszenen bei manchen Verhaftungen vorgekommen waren. Ich sollte später auch mit eigenen Augen sehen, welche Greuel die Nationalsozialisten in ihren Kasernen an wehrlosen Gefangenen begangen hatten.
Die Polizisten, die uns vom übrigen Teil des Korridors abriegeln, sind junge Burschen, schon mit dem hilfspolizeilichen Hakenkreuz auf der Armbinde. Sie scheinen sehr aufgeregt, ihr Dienst ist ihnen neu, um so mehr versuchen sie ihre Unsicherheit hinter flegelhaftem Benehmen zu verbergen: sie machen höhnische Bemerkungen, und wenn sie jemanden anschrein, sich nicht zu bewegen, so apostrophieren sie ihn nicht anders als ‚Dreckskerl', ‚Saujud' und per Du.
Namen werden aufgerufen, Gruppen formiert, ‚rechts um', es geht hinab ins Polizeigefängnis. Erste Station, das Depot; hier wird Uhr, Füllhalter und Bargeld abgegeben und in ein Kuvert gesteckt. Zweite Station: Abgabe von Messer, Schere, Nagelfeile. Die dritte Etappenstation ist schon im Keller unten: was dem Häftling noch geblieben ist – Brieftasche, Notizbuch, Zigarettenschachtel, Streichhölzer, Taschentuch, Schlüssel, Handschuhe oder Bleistift – muß er in seinen Hut legen, Schnürsenkel öffnen, Rock ausziehen, und jetzt untersuchen greifende Hände, ob nichts in den Taschen geblieben, gleitende Hände, ob nichts ins Futter eingenäht ist, sich nichts in Schuh oder Strumpf versteckt hat.
Während dieser Prozedur kommt der neue Polizeipräsident vorbei, Herr von Levetzow, gefolgt von Polizeiadjutant und Parteiadjutant und einem ganzen Stab. Er war Marineoffizier, der Sozialdemokrat Noske hat ihn in den Admiralsrang erhoben. Der Herr Admiral, jetzt schreitet er gebläht seine Kommandobrücke im Polizeipräsidium ab:
‚Das ist also das Pack?' fragt er und schielt uns über die Achsel verächtlich an.
‚Jawohl, Herr Polizeipräsident!' beeilt sich der Adjutant zu schnarren.
‚Wo bist du verhaftet worden?' fragt er Hermann Duncker.
Bevor der grauhaarige Gelehrte, Lehrer des Sozialismus für eine ganze Genera-

Egon Erwin Kisch

tion, noch antworten kann: ‚Wirst du die Hacken zusammenreißen, wenn ich mit dir spreche, du Saubengel?!‘
Und schon hat er einen anderen erspäht, der ihm nicht stramm genug zu stehen scheint: ‚Führen Sie den Lümmel sofort in Dunkelarrest und legen Sie ihm Eisen an, bis ihm die Schwarten krachen.‘
Diensteifrig stürzen sich zwei Büttel auf Otto Lehmann-Russbüldt, dem alten Obmann der Liga für Menschenrechte, und zerren ihn fort.
Bleich vor Empörung stehen wir da, der Herr Admiral von Noskes Gnaden ist schon vorbei, wir hören ihn eine andere Gruppe anbrüllen.
Man stößt uns in eine unterirdische Gemeinschaftszelle, siebenundvierzig müssen darin Platz finden, längs der Wände verlaufen Pritschen, in der Mitte der gegen den Hof zu gerichteten Wand steht ein Eimer – einer für alle, alle für einen. Gegenüber, in die dem Korridor zugekehrte Wand sind zwei trichterförmige Ausbuchtungen gemauert. Das spitze Ende ist der ‚Judas‘; ein Beobachter von außen kann durch dieses Guckloch das ganze Lokal bestreichen, sei es mit einem Auge, sei es mit einem Maschinengewehr.
Jeder von uns sucht sich einen Nachbarn, neben dessen Platz er den Paletot zum Kopfkissen faltet; Gruppen konstituieren sich. Man erzählt einander, wie sich die Verhaftungen abgespielt haben. Manche Wohnungen hatten regelrechte Belagerungen durch die Nazis zu bestehen. Schüsse wurden durch die Tür abgefeuert, dann Möbel zerhackt und Bücher zerrissen, die Überfallenen angesichts ihrer Frauen und Kinder schändlich mißhandelt.“

Verhaftet und des Reichstagsbrandes angeklagt wurde ein Holländer:

„Schutzpolizisten haben von der Seite des Brandenburger Tores aus Feuer im Reichstag beobachtet. Einer der Beamten hat deutlich Fackeln gesehen und daraufhin geschossen. Man hat zunächst gewisse Zweifel in diesen Sachverhalt gesetzt. Inzwischen sind aber die Kugeleinschläge tatsächlich gefunden worden. Die Schutzpolizisten sind darauf in den Reichstag eingedrungen. Sie fanden bereits in der Wandelhalle, nicht erst, wie ursprünglich berichtet war, in den Kellerräumen, den Marinus van der Lubbe, der dort von einem Beamten nach erheblichem Widerstand überwältigt wurde.“

Außerdem wurden die kommunistischen Reichstagsabgeordneten Torgler und Koenen verdächtigt.

Der Parlamentsberichterstatter der „Vossischen Zeitung“, Adolf Philippsborn, schilderte am 1. Juli 1933 im „Gegenangriff“ sein letztes Interview mit Torgler, dem damaligen Vorsitzenden der Kommunistischen Reichstagsfraktion:

„Torgler erschien mit seinem elfjährigen Töchterchen. Ich legte ihm, als dem Führer seiner Fraktion, Material vor über die Umtriebe und geheimen Pläne der Nationalsozialisten. Im Anschluß daran unterhielten wir uns etwa zwei Stunden über die gesamte politische Situation. Ich, der ich der Kommunistischen Partei niemals nahegestanden habe, wies auf manche Schwächen der KPD hin. Freimütig gab Torgler dies und jenes zu, verteidigte jedoch energisch die allgemeine Haltung seiner politischen Freunde. Schließlich stellte ich ihm etwa folgende Fragen:
‚Man verbreitet das Gerücht, die Kommunisten wollten noch vor der Reichs-

Hermann Duncker

Georgi Dimitroff in seiner Gefängniszelle

tagswahl irgendeine Aktion gegen die Naziregierung unternehmen. Stimmt das?'
Torgler: ,Das ist Wahnsinn. Die Regierung wartet ja nur auf eine solche Gelegenheit, um die KPD zu verbieten.'
Ich: ,Werden die kommunistischen Führer zum Streik aufrufen?'
Torgler: ,Natürlich fordern wir den politischen Massenstreik als Kampfmittel gegen die faschistischen Gewalttaten. Aber wir wissen, daß diese Aktion nur dann von Erfolg begleitet sein könnte, wenn die Gewerkschaften ihren Widerstand aufgeben und sich in die Kampffront einreihen würden.'
Ich: ,Kann ich also das Ergebnis dieser Unterredung dahin zusammenfassen, daß die Kommunistische Partei nichts zu unternehmen beabsichtigt, was der Naziregierung Anlaß zu einer Offensive gegen die marxistische Arbeiterschaft geben könnte?'
Torgler: (mit Nachdruck und Überzeugung) ,Jawohl, so ist es. Wir Kommunisten wissen, daß wir allein zu schwach zum Kampf sind. Wir wissen, daß Hitler, Göring und Genossen nur auf einen Anlaß warten, der ihnen Gelegenheit gibt, die KPD zu verbieten und ihre Reichstagsmandate zu kassieren. Wir wissen, daß wir bespitzelt, daß unsere Telephongespräche überwacht werden. Wir laufen den Herren nicht in die uns gestellte Falle.'
Am Abend nach dieser Unterredung brannte der Reichstag, und einige Stunden danach hatte man Torgler als ,Täter' verhaftet.

**Ich hatte damals die Überzeugung, die ich noch heute habe, daß Torgler die lautere Wahrheit zu mir gesprochen hatte.
Und darum sage ich es, obwohl ich Gegner des Kommunismus bin, jedem,
und auch Herrn Göring, der es sicher besser weiß als ich, und den Richtern beim Reichsgericht:**

**,Hände weg von Ernst Torgler,
er ist unschuldig!'"**

Verhaftet und angeklagt wurden drei bulgarische Staatsbürger: Vasil Taneff, Blagoj Popoff und

Georgi Dimitroff.

In ausländischen Zeitungen wurden die Leser anderer Länder von dieser ungeheuerlichen Provokation, die in Berlin stattgefunden hatte, informiert.

So lesen wir in dem französischen „TEMPS“ vom 1. März 1933:

„Das offizielle Kommuniqué* hat offensichtlich den Zweck, die Bevölkerung zur Raserei zu bringen und sie gegen die Linksopposition aufzubringen. Es gibt kein Mittel, die Polizeibehauptungen zu prüfen. Man kann lediglich feststellen, daß der Reichstagsbrand der Regierungspropaganda zu den Wahlen sehr gelegen kommt. Er dient als Vorwand für eine Aktion nicht bloß gegen die Kommunisten, sondern auch gegen die Sozialdemokraten, sowie dem Zweck, die SA-Abteilungen und den Stahlhelm in eine Reihe mit der bewaffneten Macht treten zu lassen.“

In der gleichen Ausgabe des „TEMPS“ wird davon gesprochen:

„. . .daß sich die demokratischen und Linkskreise* von Berlin dem Ursprung des Reichstagsbrandes gegenüber skeptisch zeigen.“

In der Ausgabe vom nächsten Tage, dieselbe Zeitung:

„Die Verhaftung v. d. Lubbes und sein Schuldbekenntnis genügen nicht, um den Schleier zu lüften, der den Reichstagsbrand umgibt.“

Der Londoner „EVENING STANDARD“ schreibt am 1. März:

„Wir wären erstaunt, wenn die Welt die Erklärung Herrn Hitlers für bare Münze nähme, daß der Reichstagsbrand ein Werk kommunistischer Brandstifter sei.“

Der Londoner „NEWS CHRONICLE“ erklärt am gleichen Tag:

„Die Behauptung, daß die deutschen Kommunisten irgendeine Beziehung zum Brand hätten, ist einfach eine Dummheit . . .“

Die offizielle englische Reuter-Agentur verbreitet am 1. März folgenden Bericht:

„Es unterliegt keinem Zweifel, daß Millionen Menschen in Deutschland der aus offiziellen Quellen stammenden Geschichte der Revolution der Roten, die soeben vermieden wurde, weder glauben können noch wollen.“

Der „DAILY TELEGRAPH“, London, am 3. März:

„Die Theorie, wonach der Reichstag von Kommunisten angezündet worden ist, wird heute schon von keinem vernünftigen Deutschen geglaubt. Und man hat inzwischen erfahren, daß Hauptmann Göring schon vor dem Reichstagsbrand eine ganze Reihe von Verordnungen und Unterdrückungsmaßnahmen vorbereitet hatte, als ob er voraus gewußt hätte, daß sich in Berlin in dieser Nacht etwas Sensationelles abspielen würde.“

In der Nacht des Reichstagsbrandes wurden mit einem Schlage sämtliche kommunistischen und sozialdemokratischen Zeitungen

verboten.

Verboten wurden das Zentralorgan der KPD, die „Rote Fahne“, und ihre sämtlichen Provinzzeitungen.

Verboten wurde das Zentralorgan der SPD, der „Vorwärts“, und ebenfalls ihre sämtlichen Provinzblätter.

Verboten wurden die der revolutionären Arbeiterschaft nahestehenden Blätter „Welt am Abend“, „Berlin am Morgen“ und „Arbeiter-Illustrierte-Zeitung“.

Verboten wurden sämtliche Arbeiterzeitschriften ohne Unterschied ihrer Parteirichtung.

Auf Grund der Notverordnung der Hitlerregierung vom 5. Februar 1933 wurde in der Woche des Reichstagsbrandes das Karl-Liebknecht-Haus als ein „Herd staatsfeindlicher Umtriebe“ enteignet.
Auf Grund derselben Notverordnung wurden sämtliche Druckereien und Druckereigebäude der Kommunistischen Partei im ganzen Reiche enteignet. Die gleiche Methode wurde gegenüber den Verlagen der „Welt am Abend“ und ihrer Bruderorgane angewandt.
In einer Erklärung der Kommunistischen Partei Deutschlands vom 25. März 1933 heißt es:

„Jeder, der mit den Grundsätzen des Kommunismus, mit den Lehren von Marx und Lenin, mit den Beschlüssen der Kommunistischen Internationale* und der Kommunistischen Partei Deutschlands auch nur ein wenig vertraut ist, weiß, daß Methoden des individuellen Terrors*, Brandstiftungen, Sabotageakte und dergleichen, nicht zu den taktischen Mitteln der kommunistischen Bewegung gehören.

Die Kommunistische Partei hat immer ausgesprochen, daß ihr Ziel die Durchführung der proletarischen Revolution ist. Um dieses Ziel zu erreichen, gebraucht die KPD die Taktik des revolutionären Massenkampfes, die Gewinnung der Massen für die kommunistische Bewegung durch Agitation und Propaganda, vor allem aber

durch die Organisation des täglichen Kampfes für die unmittelbaren Interessen der Werktätigen. Das ist die Taktik, durch die die kommunistische Bewegung nach den Grundsätzen des Marxismus-Leninismus in allen Ländern ihre Ziele verwirklicht.

Es liegt auf der Hand, daß die Brandstiftung im Reichstag keinerlei erdenklichen Sinn und Zweck für die kommunistische Bewegung haben konnte."

Am 10. Mai 1933 wurden auf Postscheckämtern, in Parteiverlagen und auf der Arbeiterbank alle vorhandenen Gelder der SPD beschlagnahmt. Die Geschäftsräume der sozialdemokratischen Organisationen, des Reichsbanners und der SPD-Zeitungen wurden geschlossen. Der „Amtliche Preussische Pressedienst" meldete die Einleitung eines Verfahrens „wegen Untreue und Betrugs" gegen den sozialdemokratischen Reichstagsabgeordneten und Gewerkschaftsführer Leipart, weil „namhafte Beträge von Gewerkschaftsgeldern nicht bestimmungsgemäß verwendet worden sind".
Das Vorgehen erfolgte gegen alle der Sozialdemokratie nahestehenden Organisationen: gegen den Arbeiterturn- und Sportbund, gegen den Deutschen Freidenkerverband*, gegen die Arbeiterwohlfahrt. Unter anderem wurde auch die Übernahme der Konsumvereine* „in sichere Hände" verfügt.

Der in Leipzig angesetzte Prozeß gegen Dimitroff, van der Lubbe, Torgler, Popoff und Taneff war achtmal verschoben worden.

Doch währenddessen berief das Weltkomitee für die Opfer des Hitlerfaschismus, an dessen Spitze der berühmte Wissenschaftler Professor Albert Einstein und Lord Marlay standen, einen Untersuchungsausschuß zur Aufklärung des Brandes.

Und am 14. September 1933 trat in London der „Gegen-Prozeß" zusammen.

Alexander Abusch schrieb darüber:

„Es gab im Londoner Gegen-Prozeß keine Anklagebank. Aber unsichtbar wuchs, doch der Welt deutlich erkenntlich, das Bild der wirklichen Angeklagten, die vor dem Welttribunal schuldig befunden wurden: die Gesichter der Führer des Nationalsozialismus."

Eröffnungssitzung des Ausschusses zur Aufklärung des Reichstagsbrandes in London am 14. September 1933.

Danach, am 21. September 1933, wurde der Leipziger Prozeß eröffnet.

„Lerne zeitig klüger sein . . ."

zitierte Georgi Dimitroff im Leipziger Prozeß Goethe. Er mußte freigesprochen werden unter dem Druck der öffentlichen Meinung, die sich dank des Gegen-Prozesses in London gebildet hatte. Der Anarchist van der Lubbe, in der Haft offenbar von den Faschisten unter Drogen gehalten, wurde zum Tode verurteilt.

Der Hellseher Hanussen mußte auch sterben. Er wußte zuviel. Am 7. April wurde seine Leiche in einer kleinen Tannenschonung an der Landstraße von Baruth nach Neuhof gefunden. Nazis hatten ihn umgebracht, den Freund der SA-Führer.

Einen Monat später, am 7. Mai 1933, schrieb ein Herr Hussong im „Berliner Lokal-Anzeiger":

„Wir sind nicht und wollen nicht sein

das Land Goethes und Einsteins. Eben gerade das nicht.“

„Die Brandstifter des Reichstages von 1933 konnten ihren finsteren Weg zu Ende gehen ...

Als Berlin eine Stadt der Ruinen geworden war, begannen allmählich erst mehr und mehr Menschen zu begreifen, was der Weg vom Reichstag 1933 zum Reichstag 1945 geschichtlich bedeutete.“

So schrieb einer der Autoren des „Braunbuches“, Alexander Abusch, 1973, als das großartige historische Dokument von 1933 anläßlich des 40. Jahres seines Erscheinens wieder aufgelegt wurde.

Das „Braunbuch“, zu dessen weiteren Autoren auch die Genossen Wilhelm Koenen und Albert Norden gehörten, wurde in 16 Sprachen übersetzt und in Deutschland illegal vertrieben. Es brachte entlarvende Beweise gegen die Faschisten. Die zuvor zitierten Berichte über den Brand und dessen Vorbereitung sind ihm entnommen.

Sie geben vor, die deutschen Kinder zu retten . . .

Aus einem „Offenen Brief“ an Joseph Goebbels:

„Sie geben vor, die deutsche Jugend zu erwecken, und Sie blenden ihren Geist, ihre Augen, ihre Sinne.

Sie geben vor, die deutschen Kinder zu retten, und Sie vergiften ihre Herzen mit den schändlichen Phrasen* eines stupiden Nationalismus und Rassenhasses.“

Der diese Worte schrieb, der Dichter Ernst Toller, gehörte zu den Persönlichkeiten, die als Zeugen im Londoner Prozeß zur Untersuchung der wahren Hintergründe des Reichstagsbrandes aufgetreten waren.

„Wir wollen wieder Waffen. Dann muß allerdings, von der Fibel des Kindes angefangen, jedes Theater und jedes Kino, jede Plakatsäule und jede Bretterwand in den Dienst dieser einzigen großen Mission gestellt werden, bis daß das Angstgebet unserer heutigen Vereinspatrioten ‚Herr mach uns frei!' sich im Gehirn des kleinsten Jungen verwandelt zur glühenden Bitte: ‚Allmächtiger Gott, segne dereinst unsere Waffen; sei so gerecht, wie du es immer warst; urteile jetzt, ob wir diese Freiheit nun verdienen. Herr, segne unseren Kampf.' "

Aus: „Mein Kampf" von Adolf Hitler

deut ſches jung volk! **ng**

da iſt der feind! auf ſie! los! jür gen, han nes, hu go, ju li us, los, auf ſie! — da iſt hans=jo chen! ha ha! her mit eu rem wim pel — laß los! — o je! — hur ra, ſieg! hoch den wim pel mit der ſieg ru ne, nun iſt er un ſer! — hör, die fan fa re! ſieg!

Aus einem Schulbuch dieser Zeit

Morgen kommt der Weihnachtsmann,
kommt mit seinen Gaben.
Trommel, Pfeife, und Gewehr,
Fahne, Säbel und noch mehr,
ja ein ganzes Kriegesheer
möcht ich gerne haben.

Bring uns, lieber Weihnachtsmann, bring uns morgen, bringe: Musketier und Grenadier, Zottelbär und Panthertier, Roß und Esel, Schaf und Stier, lauter schöne Dinge!

Doch du weißt ja unsern Wunsch, kennst ja unsre Herzen. Kinder, Vater und Mama, ja sogar der Groß= papa, alle, alle sind wir da, warten dein mit Schmerzen.

F. Schr.

„Hört, wir trommeln; bum, bum, bum
Hört, wir blasen; tä te räte tä!
Nun das Lager räumen!
Wir marschieren zu den Bäumen!
Hei, die Übung wird gefallen!
Öfter muß das Horn noch schallen!
Ätsch, ihr Kleinen, kommt ihr mit?“

„Eines steht groß
in den Himmel gebrannt,
alles darf untergehn!
Deutschland
unserer Kinder und Vaterland,
Deutschland muß bestehn!“

die kin der spiel ten tick im gar ten hin ter der
hecke. da auf ein mal — st! — was ist das? sie
kom men! rief le ne. guck doch, hei ni! da hin ten
beim bäcker sind sie schon.

hör, wie sie mar schie ren: ruck zuck! ruck zuck! rech=
ten, linken, speck und schinken! ruck zuck! ruck zuck!

hör doch, was sie singen: wir sind die hit ler=

Gedichte und Illustrationen aus Schulbüchern

Und im „Jugendjahrweiser 1937" des Deutschen Turnverbandes lesen wir:

„Auf der Trommel liegt mein Herz,
Tambour, schlage drauf.
Morgen geht es todeswärts,
Heut hört schon die Liebe auf.
Tambour schlage drauf."

„Besser im Felde gehinkt,
als daheim gehockt.
Ich geh auch auf den Mond,
wenn man mir dort
eine Batterie* gibt!"

„Ich saß am Ruder. Da plötzlich gab ein Boot Gas und raste uns entgegen. Ich gab ebenfalls Gas, und in der Mitte prallten wir so zusammen, daß das andere Boot ein großes Loch bekam und schnell an Land fahren mußte. – In dieser Zeit zertrümmerte uns das andere Boot das linke Ruder, so daß wir in eine Bucht fahren und aussteigen mußten. Wir luden neue Bomben auf.
Dann sprang alles schnell in das Boot und verfolgte das andere. Mitten im See rammten wir es von der Seite, daß es ganz schräg stand und ein Loch bekam. Dann fuhren wir in den Hafen und stiegen aus.
Wir waren das schnellste und beste Boot vom ganzen See."

Jungen, die derlei spielen, dichten in ähnlicher Weise auch. Ihre Verse wurden unter dem Motto „Pimpfe schaffen ein Buch“ 1936 gesammelt und mit dem Titel herausgegeben:

„Wir gestalten!“

Soldatentum

Vorwärts den Blick
nimmer zurück.
Furcht überwinden,
Wege auch finden
durch die Not.
Nie vor dem Tod
zittern und zagen,
fragen und klagen.
Feigheit ist Schande,
fesselnde Bande.
Sterben fürs Land,
das ist genannt,
das ist dein Ruhm:
Soldatentum.

Gotentreue

Schwarze Wolken.
Stürmischer Wind
fegt über die,
die gefallen sind.
Klaffende Wunden,
blutrot der Boden.
Sind sie geschlagen,
die tapferen Goten?
Schwarze Wolken.
Blitze zucken
über die Goten,
die sich nie ducken.
Gellende Wunden,
zerspalten den Speer.
Ist sie gebunden
die nordische Wehr?
Auf denn, kämpft weiter
verlorener Haufen!
Willst du die Kinder
als Sklaven verkaufen?
Willst du sterben
als nordischer Held
oder als Söldner
dienen für Geld?
Wir wollen stehen
bis in den Tod,
zusammenhalten
in höchster Not.
Laßt uns kämpfen
mit rechter Hand
und sterben
für das Gotenland.

(Peter Munk)

So dichteten Knaben im Deutschland der dreißiger Jahre. Zu lesen gab man ihnen Bücher in die Hand mit Titeln wie:

„Kampf um den Annaberg“
„Zehntausend Mann, die zogen ins Manöver“
„Horst der Panzerschütze“
„Alarrrm!“
„Blaue Jungs“
„Zieten“
„Soldat auf dem Thron“

Entnommen den „Kritischen Gängen“, Literaturbeilage der „Berliner Börsenzeitung“ unter der Rubrik „Kinder- und Jugendbücher“

Heil Heil

Kälbermarsch von Bertolt Brecht

Sie tragen ein Kreuz voran
auf blutroten Flaggen,
das hat für den armen Mann
einen Haken.

Bertolt Brecht, ins Exil gegangen wie Ernst Toller, wie Kurt Tucholsky, wie Ludwig Renn und die übrigen, deren Gedichte wir in diesem Buch aufnahmen als Zeichen des Kampfes gegen Reaktion und Faschismus, schrieb 1938 eine Szene „Der Spitzel". Brecht hat darin die Situation der Kinder und ihrer Eltern in Deutschland treffend dargestellt:

Der Spitzel

Regnerischer Sonntagnachmittag. Vater, Mutter und Kind nach dem Essen. Das Mädchen kommt herein.

Das Mädchen: Herr und Frau Klimbtsch lassen fragen, ob die Herrschaften zu Hause sind?

Der Mann (schnarrt): Nein.

Das Mädchen geht hinaus.

Die Frau: Du hättest selber ans Telefon gehen sollen. Sie wissen doch, daß wir jetzt noch nicht weggegangen sein können.

Der Mann: Wieso können wir nicht weggegangen sein?

Die Frau: Wohin sollen wir denn gegangen sein? Das werden sie sich doch jetzt sofort fragen.

Der Mann: Da gibt es doch eine ganze Menge Stellen.

Die Frau: Warum gehen wir dann nicht weg?

Der Mann: Wo sollen wir denn hingehen?

Die Frau: Wenn es wenigstens nicht regnete.

Der Mann: Und wohin sollte man schon gehen, wenn es nicht regnete?

Die Frau: Früher konnte man sich doch wenigstens mit jemand treffen.

Pause.

Die Frau: Es war falsch, daß du nicht ans Telefon gingst. Jetzt wissen sie, daß wir sie nicht hier haben wollen.

Der Mann: Und wenn sie das wissen!

Die Frau: Dann ist es unangenehm, daß wir uns gerade jetzt von ihnen zurückziehen, wo alle sich von ihnen zurückziehen.

Der Mann: Wir ziehen uns nicht von ihnen zurück.

Die Frau: Warum sollen sie dann nicht herkommen?

Der Mann: Weil mich dieser Klimbtsch zu Tode langweilt.

Die Frau: Früher hat er dich nicht gelangweilt.

Der Mann: Früher! Mach mich nicht nervös mit deinem ewigen früher.

Die Frau: Jedenfalls hättest du ihn früher nicht geschnitten, weil ein Verfahren von der Schulinspektion gegen ihn läuft.

Der Mann: Du willst also sagen, ich bin feige?

Pause.

Die Frau zum Knaben: Klaus-Heinrich, laß das Radio!

Der Knabe wendet sich zu den Zeitungen.

Der Mann: Daß es heute regnen muß, das ist eine Katastrophe. Aber man kann eben nicht in einem Land leben, wo es eine Katastrophe ist, wenn es regnet.

Die Frau: Meinst du, das hat viel Sinn, mit solchen Äußerungen um sich zu werfen?

Der Mann: In meinen vier Wänden kann ich äußern, was mir paßt. Ich lasse mir in meinem eigenen Heim nicht das Wort . . .

Er wird unterbrochen, das Mädchen kommt mit Kaffeegeschirr herein. Man schweigt, solange sie herinnen ist.

Der Mann: Müssen wir ein Mädchen haben, dessen Vater Blockwart* ist?

Die Frau: Darüber haben wir doch, denke ich, genug gesprochen. Das letzte, was du sagtest, war, das habe seine Vorteile.

Das Mädchen unterbricht sie wieder, mit Kaffee kommend.

Die Frau: Lassen Sie nur, Erna! Sie können ruhig gehen, ich mache das schon.

Das Mädchen: Vielen Dank, gnädige Frau. (ab)

Der Knabe (von der Zeitung aufsehend): Machen alle Geistlichen das, Papa?

Der Mann: Was?

Der Knabe: Was hier steht.

Der Mann: Was liest du denn?

Er reißt ihm die Zeitung aus der Hand.

Der Knabe: Aber unser Gruppenführer hat gesagt, was in dieser Zeitung steht, können wir alle wissen.

Der Mann: Das ist für mich nicht maßgebend, was der Gruppenführer gesagt hat. Was du lesen kannst, und was du nicht lesen kannst, entscheide ich.

Die Frau: Hier hast du zehn Pfennige, Klaus-Heinrich, geh hinüber, und kauf dir was.

Der Knabe: Aber es regnet doch.

Er drückt sich unentschlossen am Fenster herum.

Der Mann: Wenn diese Berichte über die Priesterprozesse nicht aufhören, werde ich die Zeitung überhaupt abbestellen.

Die Frau: Und welche willst du abonnieren? Es steht doch in allen.

Der Mann: Wenn in allen Zeitungen solche Schweinereien stehen, dann werde ich eben keine Zeitung mehr lesen. Weniger wissen werde ich dann auch nicht, was auf der Welt los ist.

Die Frau: Es ist nicht so schlecht, wenn sie ausräumen.

Der Mann: Ausräumen! Das ist doch alles nur Politik.

Die Frau: Jedenfalls geht es uns nichts an, schließlich sind wir evangelisch.

Der Mann: Vielleicht könnten sie einmal vor ihrer eigenen Tür kehren. In ihrem Braunen Haus soll auch nicht alles sauber sein, hör ich.

Die Frau: Aber das ist doch nur ein Beweis der Gesundung unseres Volkes, Karl.

Der Mann: Gesundung! Nette Gesundung! Wenn die Gesundung so ausschaut, dann ziehe ich die Krankheit vor.

Die Frau: Du bist heute so nervös. War in der Schule was los?

Der Mann: Was soll in der Schule losgewesen sein? Und sage bitte nicht immer, daß ich nervös bin, das macht mich ja erst nervös.

Die Frau: Wir sollten nicht immer streiten, Karl. Früher . . .

Der Mann: Darauf habe ich jetzt nur gewartet. Früher! Ich wünschte es weder früher und wünsche ich es heute, daß die Phantasie meines Kindes vergiftet wird.

Die Frau: Wo ist er denn überhaupt? (sie ruft) Klaus-Heinrich?

Sie läuft aus dem Zimmer. Man hört sie rufen. Sie kehrt zurück.

Die Frau: Er ist wirklich weg!

Der Mann: Warum soll er denn nicht weg sein?

Die Frau: Aber es regnet doch in Strömen.

Der Mann: Warum bist du denn so nervös, wenn der Junge mal weggeht?

Die Frau: Was haben wir denn geredet?

Der Mann: Was hat denn das damit zu tun?

Die Frau: Aber du weißt doch, daß sie zuhören.

Der Mann: Und?

Die Frau: Und. Und wenn er es dann herumerzählt? Du weißt doch, was sie jetzt immer hineinreden in sie in der HJ. Sie werden doch direkt aufgefordert, daß sie alles melden. Es ist so komisch, daß er so still weggegangen ist.

Der Mann: Unsinn.

Die Frau: Ich möchte wissen, was er noch mit angehört hat.

Der Mann: Aber er weiß doch, was geschieht, wenn Leute angezeigt werden.

Die Frau: Und der Junge, von dem Schmulkes erzählt haben. Sein Vater soll noch immer im Lager sein. Wenn wir nun wüßten, wie lange er im Zimmer war.

Der Mann: Das ist ja alles Unsinn!

Er läuft in die anderen Zimmer und ruft nach dem Knaben.

Die Frau: Ich kann mir nicht denken, daß er, ohne ein Wort zu sagen, einfach wo hingeht. So ist er nicht.

Die beiden sitzen schweigend.

Der Mann: Was kann er denn schon gehört haben?

Die Frau: Du hast doch über die Zeitung gesprochen. Das über das Braune Haus hättest du auch nicht sagen dürfen. Er empfindet doch so national.

Der Mann: Was soll ich über das Braune Haus gesagt haben?!

Die Frau: Da mußt du dich doch erinnern! Daß dort nicht alles sauber ist.

Der Mann: Das kann doch nicht als Angriff ausgelegt werden. Nicht alles sauber oder, wie ich abschwächend sagte, nicht alles ganz sauber, was schon einen Unterschied macht, und zwar einen beträchtlichen, das ist doch mehr eine spaßhafte Bemerkung volkstümlicher Art, sozusagen in der Umgangssprache, das bedeutet nicht viel mehr, als daß sogar dort wahrscheinlich einiges nicht immer und unter allen Umständen so ist, wie es die Führung will. Den nur wahrscheinlichen Charakter brachte ich übrigens mit voller Absicht dadurch zum Ausdruck, daß ich, wie ich mich deutlich erinnere, formulierte, es „Soll" dort ja auch nicht alles ganz – ganz in abschwächendem Sinne gebraucht – sauber sein. Soll sein! Nicht: ist! Ich kann nicht sagen, daß dort etwas nicht sauber ist, da fehlt jeder Beweis. Wo Menschen sind, gibt es Unvollkommenheiten. Mehr habe ich nicht angedeutet, und auch das nur in abgeschwächter Form. Und überdies hat der Führer selber bei einer gewissen Gelegenheit seine Kritik in dieser Richtung ungleich schärfer formuliert.

Die Frau: Ich verstehe dich nicht. Mit mir mußt du doch nicht so sprechen.

Der Mann: Ich wollte, ich müßte es nicht! Ich bin mir nicht klar darüber, was du selber überall herumquatscht von dem, was hier zwischen diesen Wänden mal in der Erregung vielleicht gesagt worden sein mag. Wohl verstanden, ich bin weit entfernt, dich irgendwelcher, leichtfertiger Ausstreuungen gegen deinen Mann zu bezichtigen, genau wie ich von dem Jungen keinen Augenblick annehme, daß er etwas gegen seinen eigenen Vater unternehmen könnte. Aber zwischen Übeltun und Es-wissen ist ja leider ein gewaltiger Unterschied.

Die Frau: Jetzt hör aber auf! Paß lieber auf deine Zunge auf! Die ganze Zeit zerbreche ich mir schon den Kopf darüber, ob du das, daß man im Hitler-Deutschland nicht leben kann, vor oder nach dem über das Braune Haus gesagt hast.

Der Mann: Das habe ich überhaupt nicht gesagt. Das Wort Hitler-Deutschland stammt überhaupt nicht aus meinem Wortschatz.

Die Frau: Und das mit dem Blockwart und daß in den Zeitungen lauter Lügen stehen, und was du neulich über den Luftschutz gesagt hast, der Junge hört ja überhaupt nichts Positives! Das ist überhaupt nicht gut für ein jugendliches Gemüt, das dadurch nur zersetzt wird, wo der Führer immerfort betont, Deutschlands Jugend ist Deutschlands Zukunft. Der Junge ist ja wirklich eigentlich nicht so, daß er einfach hinläuft und einen anzeigt. Mir ist ganz übel. Aber, ich hab ihm doch eben erst 10 Pfennige gegeben. Er kriegt doch alles, was er will.

Der Mann: Ja, das ist Bestechung.

Die Frau: Was meinst du damit?

Der Mann: Sie werden doch sofort sagen, wir haben versucht, ihn zu bestechen, damit er seinen Mund hält.

Die Frau: Was meinst du denn, daß sie dir machen können?

Der Mann: Na, alles! Da gibt es doch keine Grenzen. Großer Gott! Und da soll man Lehrer sein! Erzieher der Jugend! Furcht habe ich vor ihr!

Die Frau: Können wir nicht ausdenken, was du gemeint haben kannst bei deinen Bemerkungen? Ich meine, er hat dich dann eben mißverstanden. Also zuerst das mit dem Braunen Haus und den Schweinereien.

Der Mann: Ich habe doch kein Wort von Schweinereien gesagt!

Die Frau: Du hast gesagt, die Zeitung ist voll von Schweinereien, und

	du willst sie abbestellen.
Der Mann:	Ja, die Zeitung. Aber nicht das Braune Haus!
Die Frau:	Kannst du nicht gesagt haben, daß es diese Leute, die heute vor Gericht stehen, waren, die seinerzeit die Greuelmärchen über das Braune Haus und daß dort nicht alles sauber sein sollte, aufgebracht haben? Und daß sie lieber schon damals hätten vor ihrer eigenen Tür kehren sollen? Und überhaupt hast du dem Jungen gesagt, laß das Radio und nimm lieber die Zeitung vor, weil du auf dem Standpunkt stehst, daß die Jugend im Dritten Reich mit klaren Augen betrachten soll, was um sie herum vorgeht.
Der Mann:	Das hilft ja alles nicht.
Die Frau:	Karl, du darfst jetzt nicht den Kopf sinken lassen. Du mußt stark sein, wie es der Führer immer . . .
Der Mann:	Ich kann doch nicht vor die Schranken des Gerichts treten, und auf dem Zeugenstand steht mein eigen Fleisch und Blut und zeugt wider mich.
Die Frau:	So mußt du das doch nicht nehmen.
Der Mann:	Der Verkehr mit dem Klimbtsch war ein großer Leichtsinn.
Die Frau:	Aber dem ist doch noch gar nichts passiert.
Der Mann:	Ja, aber die Untersuchung schwebt schon.
Die Frau:	Wenn alle, über die irgendwann eine Untersuchung geschwebt hat, verzweifeln wollten!
Der Mann:	Meinst du, der Blockwart hat was gegen uns?
Die Frau:	Du meinst, wenn bei ihm recherchiert wird? Er hat zu seinem Geburtstag erst eine Kiste Zigarren bekommen, und das Neujahrsgeld war auch reichlich.
Der Mann:	Gauffs nebenan haben fünfzehn Mark gegeben!
Die Frau:	Die haben aber noch 32 den „Vorwärts" gelesen, und noch im Mai 33 haben sie schwarzweißrot geflaggt.
Der Mann:	Das ist doch kein Leben mehr!
Die Frau:	Karl!
Der Mann:	Einen Judas hast du mir geboren. Da sitzt er bei Tisch und horcht, während er die Suppe löffelt, die wir ihm hinstellen, und merkt sich alles, was seine Erzeuger sagen, der Spitzel.
Die Frau:	Das darfst du nicht sagen.

Pause.

Die Frau:	Meinst du, wir sollen irgendwelche Vorbereitungen treffen?
Der Mann:	Meinst du, daß sie gleich mitkommen?
Die Frau:	Das ist doch möglich.
Der Mann:	Vielleicht soll ich mein Eisernes Kreuz* anlegen.
Die Frau:	Auf jeden Fall, Karl!

Er holt es und legt es mit zitternden Händen an.

Die Frau:	Und das Hitlerbild, sollen wir es über deinen Schreibtisch hängen? Das sieht besser aus.
Der Mann:	Ja, mach das!

Die Frau will das Bild umhängen.

Der Mann: Aber wenn der Junge dann sagt, wir haben es eigens umgehängt, das würde auf Schuldbewußtsein schließen lassen.

Die Frau hängt das Bild an den alten Platz zurück.

Der Mann: Ist da nicht die Tür gegangen?

Die Frau: Ich habe nichts gehört.

Der Mann: Doch!

Die Frau: Karl!

Sie umarmt ihn.

Der Mann: Verlier nicht die Nerven. Pack mir etwas Wäsche ein.

Die Flurtür geht. Mann und Frau stehen nebeneinander, erstarrt, in der Ecke des Zimmers. Die Tür geht auf und herein kommt das KIND, eine Tüte in der Hand.

Pause.

Der Knabe: Was habt ihr denn?

Die Frau: Wo warst du?

Der Knabe zeigt die Tüte mit Schokolade.

Die Frau: Hast du nur Schokolade gekauft?

Der Knabe: Was denn sonst? Klar.

Er geht fressend durchs Zimmer ab. Seine Eltern sehen ihm forschend nach.

Der Mann: Meinst du, er sagt die Wahrheit?

Die Frau (zuckt die Achseln).

Die Schule des Herrn Studienrates, den Bertolt Brecht uns darstellte, mag äußerlich anders ausgesehen haben als die in der folgenden Reportage von der Journalistin Maria Leitner beschriebene Dorfschule.

„Der Park mit den Göttern, die Perücken tragen wie Duodezfürsten, geht über in einen richtigen deutschen Märchenwald mit riesigen Eichen, samtnen Moosbänken und rotgescheckten, giftigen Pilzen. Am jenseitigen Saum des Waldes gibt es ein paar Dörfer, ganz einsam, ganz abgeschieden. Und doch ist die Großstadt ganz nahe: Wohlhabende flitzen an Sonntag-Nachmittagen in ihren Autos nach St. Nur der Märchenwald trennt sie von den Dörfern.

‚Im Winter, wenn es schneit und taut, sind wir vollkommen abgeschnitten von der übrigen Welt. Die Wege ertrinken im Schlamm. Hier werden keine Straßen gebaut, obgleich unsere Bauern sie bitter nötig hätten. Sie sind verpflichtet, mir im Winter acht Fuhren zu stellen, damit ich nach St. komme. Sie weigern sich oft, mich zu fahren. Ihre Pferde schaffen es nicht.‘ Der Lehrer spricht so. Ich kenne ihn seit Jahren. Schon früher hatte ich ihn in seiner Schule einmal aufgesucht.

Die Luft in der Klasse ist die gleiche geblieben. Die beizende, stickige ‚Landluft‘ der Dorfschule. Die Bauern, denen es schwerfällt, Heizmaterial zu liefern, ärgern sich, wenn der Lehrer auch nur für einen Augenblick das Fenster öffnet.

Zwischen Bildertafeln ‚Zahnpflege‘, ‚Der Mensch‘, ‚Insekten‘, ‚Säugetiere‘ haben sie neue geschoben: ‚Arier‘ und ‚Juden‘, ‚dinarische, fälische, ostische Rassetypen‘. Zweiundfünfzig Kinder sitzen in dem niedrigen Raum, Kinder zwi-

schen 6 und 15 Jahren. Der Lehrer erlaubt mir, Fragen an sie zu richten. Ich zeige auf die Tafel Zahnpflege: ‚Wer von euch hat eine Zahnbürste?'
Die Kinder lachen.
‚Solchen Luxus kennt man hier nur von Bildern', erklärt mir der Lehrer leise. ‚Früher tauchte hie und da einmal ein Schularzt auf, aus St. Die Kosten wurden später eingespart. Die Kinder werden nur bei Schulaufnahme ärztlich untersucht. Ein Zahnarzt kümmert sich um sie überhaupt nicht.' Aber ich solle nur weiterfragen.
‚Wer von euch Kindern hat ein eigenes Bett?'
Nur etwa ein Drittel der Klasse steht auf.
‚Wir beide schlafen bei der Großmutter im Bett', sagt ein kleiner Junge und zeigt auf seine Schwester, die auf der anderen Seite der Schulklasse sitzt.
‚Ich glaube, mancher ist nur aufgestanden, weil er sich so einen Wunschtraum erfüllt', sagt der Lehrer. ‚Es ist selten hier in den Dörfern, daß die Kinder eine eigene Bettstelle haben.'
‚Na, erzähl mal, was ihr gestern zu Mittag gegessen habt?' frage ich. Gestern war Sonntag.
‚Kartoffelsuppe.'
‚Wir haben Kartoffelsuppe gegessen.'
‚Kartoffelsuppe' – ertönt es von allen Seiten. Nur eine triumphierende Knabenstimme übertönt den Chor der Kartoffelsuppenesser: ‚Bei uns gab's gestern Entenbraten.'
‚Hattet ihr eine Familienfeier?'
‚Nein, unsere Ente ist erstickt.'

,Die Kinder schreiben unbeholfen, sie lesen stockend, sie rechnen schlecht. Aber das ist ja auch nicht die Hauptsache: sie müssen über die Rasse Bescheid wissen und über den Luftschutz. An den Luftschutz muß der Lehrer die Kinder

jeden Tag erinnern. Der Ortsgruppenleiter der NSDAP nimmt tätigen Einfluß auf den Unterricht.
‚Warum brauchen wir Luftschutz?'
‚Unser Luftfahrtminister Göring sagt: jede deutsche Stadt und jedes deutsche Dorf ist für Bombenflieger erreichbar, der Luftschutz ist daher eine Lebensfrage für unser Volk.'
‚Wie weit kann ein neuzeitliches Bombenflugzeug fliegen?'
‚Fünfhundert Kilometer weit.'
‚Welche Bombenlast vermag ein solches Flugzeug zu tragen?'
‚1 500 Kilogramm Bombenlast.'"

Von unseren Flugzeugen.

Es beträgt	das Rüstgewicht:	die Zuladung:	die Gipfelhöhe:
bei Heinkel He 70	2 340 kg	1 010 kg	5 700 m
bei Junkers Ju 52	5 340 kg	3 660 kg	5 500 m
bei Dornier Wal	5 600 kg	4 400 kg	4 500 m
beim Großbombenflugzeug	8 500 kg	6 500 kg	6 500 m

a) Berechne bei jedem Flugzeug das Gesamtgewicht!
b) Vergleiche die Gipfelhöhen!

„Sie geben vor, die deutschen Kinder zu retten, und sie vergiften ihre Herzen mit den schändlichen Phrasen eines stupiden Nationalismus und Rassenhasses."

Ernst Toller

Friedliche Zeiten

Die Mädchen und Jungen der Dorfschule nahe der Stadt St. kannten den ersten Weltkrieg nur aus Erzählungen, vielleicht, daß Vater oder Mutter sich eines gefallenen Verwandten erinnerten. Und wie ein kommender aussehen würde, ein „zweiter Weltkrieg", konnten sie sich erst recht nicht vorstellen. Obwohl sie über Bombenlasten unterrichtet wurden und Fluggeschwindigkeiten kannten.
Es war eben noch still in Deutschland um die Mitte der dreißiger Jahre. Besonders aber bei diesen Kindern, die im Wald Pilze sammelten und Beeren. Wenn ihnen die Arbeit in den kleinen, den kleinsten Gehöften ihrer Eltern Zeit dazu ließ. Von Maria Leitner, die die Schule beschrieb, erfuhren wir auch etwas über die soziale Situation des Dorfes:

„Es wohnen fast nur Kleinbauern in dem Ort. Vieh haben sie kaum. Nur die wenigen größeren Bauern verfügen über ein, zwei Pferde. Schon 1934 verkauften verschiedene, wegen der großen Dürre, ihre Kühe zum niedrigsten Preis. Die

„Der Herr" benannte der Arbeiterfotograf Fritz Pawel sein Foto von 1931, es gilt noch immer!

meisten können sich seitdem keine neue Kuh mehr anschaffen. Auch Kleinvieh können sie sich weniger halten als früher. Die Futterpreise sind zu hoch. Auf ihren Äckern wachsen nur Kartoffeln und Roggen.
Diese armen Dörfer bei St. waren früher Hochburgen der Nazis. Im März 1933 wählten von 214 Wahlberechtigten 143 nationalsozialistisch. Um jene Zeit gab es große nationalsozialistische Versammlungen in diesen Dörfern, die sonst immer ganz abseits lagen von jeder Politik. In der großen Wirtsstube, deren rauchgeschwärzte Wände mit alpenglühenden Gletschern und enzianbetupften Almen bemalt sind, saßen die Bauern und hörten gläubig, was die Nationalsozialisten ihnen alles versprachen. Der Bauer sollte nicht länger Not leiden.
Heute gibt es Bauern, die ihren Kindern nicht einmal Milch geben können. Den Kindern, die schwer arbeiten; sie müssen auf dem Hof helfen und auch draußen auf dem Feld. Für die Schule bleibt kaum Zeit und Kraft."

Da ist eben alles beim alten geblieben,

trotz „nationalem Sozialismus", trotz aller Versprechungen, dem Bauern solle es besser gehen.

Doch es gibt Leute, die Veränderungen spüren nach 1933. In einer alten Zeitschrift, die während der Nazizeit in Moskau von emigrierten Schriftstellern – Bertolt Brecht, Lion Feuchtwanger und Willi Bredel – herausgegeben wurde, fanden wir das Porträt eines Erbhofbauern, des Herrn von Dragun:

„Als sich Herr von Dragun zum erstenmal in die Fremdenliste des eleganten Hotels als ‚Bauer' einzeichnete, statt wie bisher als Großgrundbesitzer, empfand er die ganze Tragweite der nationalsozialistischen ‚Revolution'.
Herr von Dragun ist ‚Bauernführer'. Er vertritt, wie es heißt, im ‚Reichsnährstand' die Interessen der Bauernschaft, und bei feierlichen Anlässen repräsentiert er die Bauern. Er ist Besitzer eines 500 Morgen großen Gutes im Hannoverschen ...
Herr von Dragun ist mit der nationalsozialistischen Bewegung schon seit ihren frühesten Anfängen verbunden.
Der nationale Umbruch (gemeint ist die Staatsmacht der Faschisten; d. Verf.) hat ihn von manchen Sorgen befreit. Auf Herrn von Draguns Besitz lasteten bedeutende Schulden. Er hatte in den letzten Jahren den Gutsbetrieb stark rationalisiert, Traktoren und Dreschmaschinen gekauft, er hatte die Milchwirtschaft modernisiert, ja sogar das Herrenhaus umbauen lassen. In der Nachbarschaft war man der Überzeugung, so leichtsinnige Neuerungssucht müsse zum Untergang führen. Heute sind alle davon überzeugt, daß Herr von Dragun eine gute Nase hatte: seine Schulden braucht er nicht so bald zu bezahlen, während sein Hof alle Vorteile der Neuinvestitionen genießt. Seine Milcherzeugnisse kann er zu den erhöhten Preisen verkaufen. Das Getreide nimmt ihm der Staat ab. ...
Er bekommt auch alles gleich bar ausgezahlt, was bei den kleineren Bauern meist nicht der Fall ist ... Herr von Dragun beschäftigt eine große ‚Gefolgschaft'; Tagelöhner, Landarbeiter, Schweizer und Handwerker; er kann durch die bloße Drohung, diese entlassen zu müssen, falls er sein Geld nicht sofort bekomme, einen sanften Druck auf das Reichsnährstands-Ministerium ausüben ..."

Es ist eben alles beim alten geblieben.

Wer aber klein geboren wurde,
Kartoffelsuppe ißt des Sonntags,
mit der Schwester in einem Bett schläft,
bleibt unten.
Wird „Gefolgschaft“ eines Tages.

Aber es „geht ja doch auch voran“. In Stadt und Land.
Allerdings hat dieser „Wohlstand“ des Volkes, dieser bescheidene, schlichte Frieden einen Preis. Den mancher Arbeitende schon kennt. Doch er spricht nicht darüber. Er wagt es nicht unter die Leute zu bringen.
Erstens: darf er (oder sie) es nicht. Und zweitens: man verdient halt, ist nicht mehr arbeitslos. Und wer Erwerbslosigkeit einmal erlebt hat, will nicht daran zurückdenken ...

Also schweigen die Mädchen und Frauen aus Höchst, die Männer aus Reindorf.

„Die Farben-Mädchen

Mittags, wenn Schichtwechsel ist, sieht man um das Höchster Werk herum junge Mädchen schlendern. Sie tragen Uniformen, Kittel; es gibt weiße, blaue, weißblaue Kittel. Meist halten die gleichen Kittel zusammen.
Auf den Bänken sitzen Frauen. Sie tragen braune Kittel. Sie sprechen wenig. Sie ähneln sich alle. Sie haben die gleichen blassen Gesichter, die gleichen blau beschatteten Wangen, die gleichen Hände, die fleckig erscheinen, als könnte durch ihre Adern das Blut nicht ruhig und gleichmäßig fließen.
Diese Frauen arbeiten in den neuen ‚Riechstoff-Abteilungen‘. Was ist Riechstoff? Kein duftendes Parfüm, das stellen die IG-Farben nicht her. Aber was ist es? Zweifellos ein Stoff, der riecht, Giftgase müssen auch einen zivilen Namen haben, den man ohne Schrecken aussprechen kann und der sich vor allem in den Jahresberichten gut ausnimmt. An Riechstoffen verdienen die Aktionäre der IG-Farben ausgezeichnet. An Riechstoff verdienen auch die braunen Frauen.
‚Man kann doch froh sein, wenn man überhaupt Arbeit hat.‘
‚Aber die Beschäftigung in den Riechstoff-Abteilungen kann doch nicht gesund sein.‘
‚Gesund oder nicht, die Hauptsache, man verdient Geld.‘
‚Ist es viel?‘
‚Viel? 20–25 Mark die Woche. Mehr ist es nie.‘
‚Haben Sie Beschwerden durch die Arbeit?‘
‚Beschwerden? Ich habe keinen rechten Appetit, seitdem ich bei den Farben arbeite. Aber das macht mir nichts aus. Und sonst? Ich möcht’ ja ohnehin keine

In Höchst ist Konjunktur: Staatskommissar Hinckel besucht am 27. Februar 1934 mit großem Gefolge die Farbwerke.

Kinder mehr haben, ich habe schon zwei.'
,Wieso können Sie keine Kinder mehr haben, seitdem Sie in der Abteilung Riechstoffe arbeiten?'
,Ach nein, keine Frau, die bei uns arbeitet, kann ihr Kind austragen.'
Unter den braunen Frauen gibt es Jüngere und Ältere, aber an ihnen allen hat das Gift schon seine zerstörende Arbeit begonnen.
Helles Mädchenlachen tönt zu uns herüber.
,Die Kinder in den weißblauen Kitteln arbeiten auch bei uns', sagt eine Frau.
Ja, diese Arbeiterinnen sehen wie Schulkinder aus. Arm in Arm schlendern sie langsam in den Anlagen der Fabrik. Sie sprechen auch über die Schule und Aufgaben. Sie kichern wie Kinder. Aber ihren Kitteln entströmt dieser eigene Geruch, den die Nase erschaudernd in bestimmten Regionen der Höchster Werke erkennt. Sie sind noch schulpflichtig. Mehrmals in der Woche gehen sie abends in die Schule. Im übrigen arbeiten sie vierzig Stunden die Woche hier im Werk.
Sie erzählen nur sehr vorsichtig über die Fabrik. Sie sind doch ganz ernsthafte Arbeiterinnen, die eine Verpflichtung unterschrieben haben, daß sie über ihre Arbeit und über alles, was sie im Werk sehen, Stillschweigen zu wahren haben.
Betty ist 14 1/2, Lisa 15. Beide erhalten den gleichen Lohn: 24 Pfennig die Stunde, das sind 9,60 M die Woche, davon gehen ab: Ledigensteuer und Kopfsteuer, Krankenkasse, Invalidenversicherung. Am Zahltag werden auch die anderen Beiträge kassiert: für die Arbeitsfront, ja da müssen sie auch drin sein, für ,Kraft durch Freude', für die Verbandszeitung, für den Kameradschaftsabend.
,Was ist das für ein Kameradschaftsabend?' frage ich.
,Dafür muß man 30 Pfennig die Woche zahlen', sagt Lisa.
,Es gibt Kaffee und ein Stück Kuchen.' Und wir singen das »Horst-Wessel-Lied« und das »Hitlermädel« und »Hitler ist unser Führer«.
,Dann gibt's Vorträge.'
,Über Hitler, Schlageter, Friedrich den Großen.'
,Das letztemal war Vortrag über Heldentum und Kämpfertum.'
,Ja, daß man bereit sein muß zum Heldentod fürs Vaterland.'
Die Kameradschaftsabende finden im Werk statt, im Festsaal, berichten die Mädchen.
,Wenn man schon 30 Pfennig zahlen muß, sollte man lieber tanzen', meint Lisa.
,Immer muß man arbeiten', seufzt Betty.
Die IG-Farben können ihre Arbeit gut gebrauchen. Sie sind billig, diese Kinder, und schaffen doch dasselbe wie Erwachsene. Sie haben noch überschüssige Kräfte.
Was aber wird in einigen Jahren aus ihnen? Den zukünftigen Müttern der Nation? Niemand fragt danach. In Höchst braucht man Arbeitskräfte.

In Höchst ist Konjunktur."

Maria Leitner

„Reinsdorf

Ein Junge begleitet mich. Er ist aus Reinsdorf, arbeitet aber in Wittenberg. Wenn es ihm irgend möglich ist, möchte er nicht in der Sprengstoffabrik arbeiten. Er hat zuviel gesehen und gehört. Die meisten Arbeiter kommen auch von auswärts. Jetzt sind es ihrer zwölftausend in der Fabrik. Zwölftausend Arbeiter. In der Vorhitlerzeit waren hier nur zwei- bis dreitausend Arbeiter beschäftigt.
Reinsdorf war schon während des ersten Krieges eine der wichtigsten Sprengstoffabriken. Sie war die einzige von Bedeutung, die der Versailler Vertrag Deutschland ließ. Bis 1931 stand die Produktion unter der Aufsicht einer französischen Kontrollkommission.
‚Dort ist die Fabrik', sagt der Junge, der sein Rad neben sich herzieht, und zeigt auf eine Gruppe von unscheinbaren Gebäuden.
Das kann doch nicht die berühmte Sprengstoffabrik sein, in der zwölftausend Arbeiter beschäftigt sind?
Es gesellt sich noch ein junger Mensch zu uns, der in der Fabrik arbeitet. Beide lachen über meine Enttäuschung.
‚Sehen Sie, dort wo die Apfelbäume sind, dort arbeite ich, unter den Apfelbäumen, unter der Erde.'
Die ganze Fabrik ist unterirdisch. Sie hat sich unter die Erde verkrochen, sie hat sich eingebuddelt, wie in einen Schützengraben, will unsichtbar bleiben – vor einem Feind, den es heute noch nicht gibt, der aber schon morgen da sein kann. Sie selbst, die WASAG, sorgt dafür, daß er kommen soll.
Es ist Schichtwechsel. Die Arbeiter kommen auf Fahrrädern, in Arbeiterzüge gepfercht, in unbequemen Landautobussen. Sie kommen zu Fuß und mit der elektrischen Bahn. Sie kommen aus Dessau, aus Wittenberg, aus Halle, aus Dörfern und aus Arbeitersiedlungen, die aussehen, als wären sie sorglos hingeworfen in die Natur, die jeder Reize bar ist. Aber sie kommen und werden dann buchstäblich von der Erde verschluckt. Sie verschwinden in den unterirdischen Räumen der Sprengstoffabrik.
Manchmal verschwinden sie auch für immer. Die Arbeiter sagen: ‚Es ist ein Wunder, daß nicht noch mehr Unglücksfälle geschehen.'
Da unten in der Erde ist es schon wie im Krieg. Seine Gesetze herrschen. Die Arbeiter schaffen unter den ungesündesten und gefährlichsten Verhältnissen. Wollen sie klagen? Dürfen Soldaten klagen? Was sie tun, ist ja für das Vaterland. Kritik an den Arbeitsbedingungen ist gleichbedeutend mit Landesverrat. Die Anordnungen der Werkführer dürfen von den Arbeitern ebensowenig angezweifelt werden wie die Befehle eines Generals von einem gemeinen Soldaten angezweifelt werden dürfen.
Die Erweiterungsbauten für die steigende Produktion wurden in aller Hast durchgeführt. Da konnte auf die Sicherheit der Arbeiter keine so große Rücksicht genommen werden. Ein Arbeiter, der schon während des Krieges 1914–1916 in Reinsdorf beschäftigt war, erzählt:

‚Wir hatten auch 1916 eine Explosion. Damals gab es 500 Tote. Amtlich hatte man damals 37 Tote zugegeben. Heute sagen sie, es gab 78 Tote. Wie viele sind es wirklich gewesen? Das ist schwer zu sagen. Aber ich habe beide Explosionen gesehen – die von 1935 war viel schlimmer. Eine Namensliste der Verunglückten ist nie veröffentlicht worden. Man weiß nur: in dieser Abteilung fehlt der oder jener. Mein Arbeitskollege, der in meiner Nähe gearbeitet hat, ist seit dem Unglück nie wieder aufgetaucht. Es gibt viele Vermißte. Sie sind wie von der Erde verschlungen. Die Detonationen erfolgten unterirdisch. Die meisten Toten wurden von der Explosion in Stücke gerissen. Die Angehörigen konnten die Ihren nicht wiedererkennen.' "

Maria Leitner

„Das ist das Große, . . ., daß heute nicht mehr umsonst der deutsche Mensch in den Tod geht, sondern daß jeder einzelne damit ein großes Opfer am Altar des Vaterlandes niederlegt . . .", sagt Hermann Göring an den Gräbern der Reinsdorfer.

Alles für die Konjunktur! Die Konjunktur der Industrien!

15. Die Autoherstellung. Arbeitsbeschaffung.

Jahr	Pers.-Wagen	Lastwagen	Krafträder
1932	43000	8000	10000
1933	92000	13000	15000
1934	147000	20000	32000

Zähle jede Art zusammen! Suche die Unterschiede in der Aufwärtsbewegung!

16. Deutschlands Länderverlust.

Was Deutschland durch den Vertrag von Versailles verloren hat.

Gebiete	Früher		Verlust		
	qkm	Einwohner	qkm	Einwohner	an
Ostpreußen	37800	2100000	3157	166000	Polen und Litauen
Westpreußen	25500	1700000	17780	1300000	Polen und Danzig
Posen	29000	2100000	26040	1950000	Polen
Schlesien	40300	5200000	4040	967000	Polen und Tschechoslowakei
Schleswig-Holstein	19000	1620000	3990	166400	Dänemark
Rheinprovinz	27000	7120000	1035	60000	Belgien
Elsaß-Lothringen	14520	1900000	14520	1900000	Frankreich

Nummer 45   12. November 1933   42. Jahrgang   Preis 20 Pfennig

Berliner Illustrirte Zeitung

Neuer Geist im neuen Staat.   Fot. Weltrundschau

„Opfer bringen“ wird das Schlagwort in der „Volksgemeinschaft“. Auch dieser junge Buchdrucker bringt offensichtlich eines: er „überläßt“ seinen Arbeitsplatz einem Älteren, um selbst – für 34 Pfennig am Tag – im Arbeitslager Dienst zu tun. Die „Berliner Illustrierte Zeitung“ veröffentlichte diesen „neuen Geist im neuen Staat“ auf ihrer Titelseite.

„Friedensjahre!“ 1935, 1936, 1937.

Nach innen hat sich also nichts verändert, außer, daß Terror zum täglichen Leben und seit dem 30. Januar 1933 zur Staatsdoktrin gehört und somit legal ist.

In diesen Jahren, in denen es unterirdische Explosionen gibt und ein durch die IG-Farben in Höchst verursachtes Fischsterben im Main, war es – gemessen an den Wochen und Monaten nach dem Reichstagsbrand – ein wenig ruhiger geworden. Außerdem begannen viele, sogar die Mehrzahl der Deutschen, sich langsam, ganz allmählich, an die Unruhe, die Verunsicherungen, Verbote, Vertreibungen, Verhaftungen, Inhaftierungen zu gewöhnen.

Man arbeitete ja wieder, freute sich seiner Arbeit mehr oder weniger, erwarb dieses und jenes, machte auch schon mal eine Reise mit KdF*, leistete sich eine Theaterkarte – auch über KdF – hörte Reden und Konzerte im gerade erworbenen Radio, dem „Volksempfänger“.

Allein 1937 nehmen 11 Millionen Angestellte und Arbeiter an Fahrten der nationalsozialistischen Organisation „Kraft durch Freude" (KdF) teil, über 13 Millionen an Sportkursen und 4 Millionen an Veranstaltungen des sogenannten Deutschen Volksbildungswerkes.

Auch stattliche Schiffe „warben" um die Gunst des Volkes. Die „Wilhelm Gustloff", deren Reisen den Deutschen „Kraft durch Freude" bringen sollten, transportierte am Ende Verwundete des Zweiten Weltkrieges.

Alle schienen einer Gemeinschaft anzugehören, der „Volksgemeinschaft", ein Wort, das die Faschisten wieder und wieder gebrauchten. Wir wissen, daß es eine solche Volksgemeinschaft nicht gab.

Wir wissen: **Es gab Arme und Reiche.**

Nach wie vor.

Später hat mancher klar erkannt, wie er im Netz der faschistischen Propaganda blind blieb.

Eine Frau Dorothea Ullrich aus Görlitz, 1919 geboren, erinnerte sich noch gut und schilderte ihr junges Leben so:

„Als Beamtentochter ohne politische Bildung kam ich kurz vor dem Kriege nach Görlitz. Rosig ging es uns nicht. Löhne und Gehälter waren niedrig. Wir aßen mehr Margarine als Butter und zählten die Pfennige. Aber wir waren jung, hatten Arbeit und Verdienst, wollten etwas schaffen. Die politischen Ereignisse überstürzten sich, wir dachten kaum darüber nach. Mit Speck fing man Mäuse. Uns imponierten die billigen KdF-Reisen durch Deutschland und ins Ausland, der ‚Volkswagen' und der ‚Volksempfänger'. Wir begeisterten uns für die deutschen Siege bei den Olympischen Spielen und für technische Leistungen wie die Autobahn. Wir verschlangen die herzigen Illustrierten-Berichte über Görings Hochzeit und die Familie Goebbels. Auf Fotos sahen wir Hitler mit Kindern und Tieren. Wir glaubten lange an seine Friedensbeteuerungen, hielten ihm den Rückgang der Arbeitslosigkeit zugute. Stolz empfanden wir, wenn wir in der Kino-Wochenschau unsere neue Wehrmacht sahen. Mit 20 habe ich geheiratet, vier Wochen später begann der Krieg."

Das „große Werk des Autobahnbaus" beginnt. In Reih und Glied sind die Männer angetreten, die hier die „weitschauenden Pläne der Reichsregierung" in die Tat umsetzen sollen.

„Wir glaubten an seine Friedensbeteuerungen ..."
Wie Dorothea Ullrich taten es noch viele andere. Sie waren alle voller Hoffnungen, voller Illusionen. Denn sonst hätten doch wohl nicht 336 668 Sparer vom 1. August 1938 bis zum Ausbruch des Krieges 1939 236 Millionen Reichsmark eingezahlt.

Wer spart, wartet auf etwas, erhofft etwas. Was viele erwarteten, sah so aus:

Könnte einer aus dem Volke mit einem Auto nicht auch ein Herr sein? Und gleicht man in einem Auto nicht beinahe einem Filmstar? ... Und, aus einem Auto heraus, würde da die Welt nicht ganz anders betrachtet werden können? Mit solchen und ähnlichen Träumen hörte man gern auf Parolen wie diese:

„Schaffender Deutscher!
Der Führer hat deinem Fahrzeug den verpflichtenden Namen KdF-Fahrzeug gegeben.
Hilf mit! Werde KdF-Wagen-Sparer!"

Doch am Ende wurde kein einziger Volkswagen an die Sparer ausgeliefert. Das VW-Werk stellte fast ausschließlich Militärfahrzeuge her.

„Was jetzt

was lebt

noch lieblich ist,

und nicht bedenkt . . ."

Der Frieden dauerte. Und doch hörte man stärker und immer häufiger vertraute Parolen:

„Das deutsche Volk ist auf Rohstoffe angewiesen!“

„Das deutsche Volk ist zu Besonderem berufen!“

Das Wort **„Herrenrasse“** wurde beliebt!

Damit alle es rasch begreifen können, wird jedem Brautpaar auf Anordnung des Innenministers ein Buch überreicht. Es heißt „Mein Kampf“; den Autor kennen wir.

„... Im ewigen Kampfe ist die Menschheit groß geworden – im ewigen Frieden geht sie zugrunde ...“

„... ersteht aus der Not des eigenen Volkes das moralische Recht zur Erwerbung fremden Grund und Bodens. Der Pflug ist dann das Schwert, und aus den Tränen des Krieges erwächst für die Nachwelt das tägliche Brot ...“

„... Wollte man in Europa Grund und Boden, dann konnte dies im großen und ganzen nur auf Kosten Rußlands geschehen, dann mußte sich das neue Reich wieder auf der Straße der einstigen Ordensritter in Marsch setzen, um mit dem deutschen Schwert dem deutschen Pflug die Scholle, der Nation das tägliche Brot zu geben.“

Wir wissen nicht, wie viele Neuvermählte das geschenkte Buch wirklich aufschlugen. Ob vielleicht auch jene Dorothea Ullrich aus Görlitz es erhielt. Daß die meisten Deutschen den Geist desselben in sich aufnahmen – in sich aufnehmen mußten – können wir mit Gewißheit sagen. Denn der quoll aus allen Rundfunkgeräten, teilte sich über Plakate und Schriftbänder mit, schlich über Filmleinwände in die Gemüter. Er steckte, fast unentdeckt, übersehbar beinahe, in kleinen Alltäglichkeiten.

In einem „Gesundheitslexikon“ für die Familie stand:

„Verteilung der Menschen auf der Erde (erfüllte und offene Räume); die Menschen wandern in der Richtung von erfüllten zu offenen Räumen. Offene Räume ziehen Menschen an, erfüllte oder übererfüllte geben Menschen ab. ...“

Und in einem Kochbuch zeigte er sich so, der Zeitgeist:

„Küche und Luftschutz
Es ist jedem Haushalt dringend zu empfehlen, sich auf die besonderen Verhältnisse, die mit dem ‚Aufruf des zivilen Luftschutzes‘ gegeben sind, beizeiten einzustellen. Zwei Hauptaufgaben sind dabei zu lösen:
1. Wie sichern wir unsere Küchenvorräte im Falle eines Luftangriffes?
2. Welche Mundvorräte brauchen wir für den Aufenthalt im Schutzraum?“

In der Einleitung desselben Kochbuches heißt es:

„Jede Kochanweisung ist für eine Tischgemeinschaft von vier Personen berechnet und stützt sich, bis auf unumgängliche Gewürze fremder Zonen, ausschließlich auf Erzeugnisse unseres Heimatbodens. Damit handelt die Verfasserin auch im Sinne des Reichsnährstandes . . .“

Ein Geschenk zur Hochzeit –
Ein Gesundheitslexikon für die Familie –
Ein durch und durch harmloses Kochbuch.

Daneben gibt es Aufregendes, das ganze Volk Bewegendes. Eine Internationale Automobil- und Motorradausstellung zum Beispiel, und Europameisterschaften im Eiskunstlauf. Das strahlt in die Welt aus. Wie der sensationelle Sieg des Boxers Max Schmeling über den farbigen Amerikaner Joe Louis.

Ja, die Deutschen sind wieder WER!

Und so feiern sie denn stolz ihre Erntedankfeste, spenden Groschen und Fünfziger für's „Winterhilfswerk“.*
Wer in all dem Lärm, dem Gedröhn der Märsche und Kundgebungen, dem Klappern der Sammelbüchsen anderes heraushört, Beunruhigendes, bleibt oft still: Die Folge des faschistischen Terrors gegen Andersdenkende. Doch es gibt auch Menschen, die sich äußern wie der Künstler Berthold Viertel.

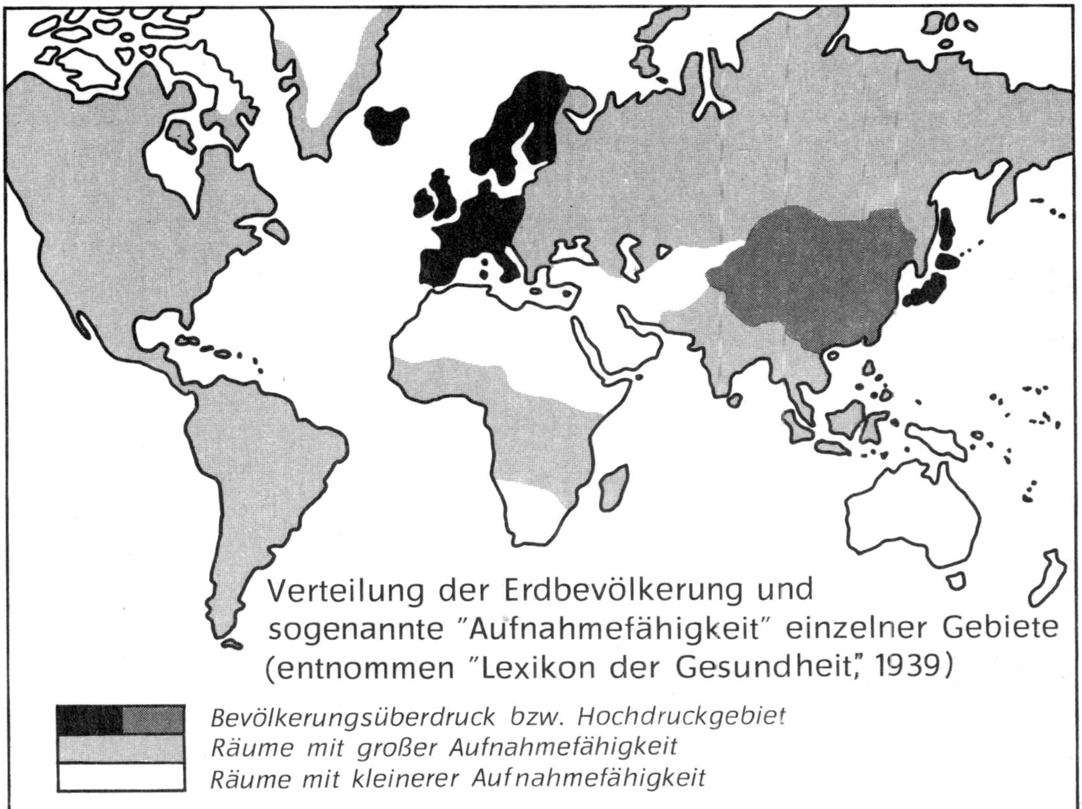

Verteilung der Erdbevölkerung und sogenannte "Aufnahmefähigkeit" einzelner Gebiete (entnommen "Lexikon der Gesundheit," 1939)

Geschrieben im Frühjahr 1934

In diesem Augenblick
bedienen Millionen von Arbeitern
die Setzmaschinen,
schleppen Scheinwerfer im Atelier,
zimmern die Tribüne des Redners,
der den Krieg verkünden wird,
erzeugen die Gewehre, die Bomben,
die Flugzeuge, die Tanks,
grandiose Apparate,
um Pest zu speien,
Erdbeben zu erregen,
den Platzregen glühenden Metalls,
das unter sich begräbt
den Sturz von Flammen,
die unrettbar um sich greifen,
der eklen Gase
schleichendes Verhängnis,
wenn es uns verschont,
die Kinder wird es treffen
im nächsten Augenblick.
Alles wird zerstört sein,
was jetzt noch lieblich ist,
was lebt und nicht bedenkt:

in diesem Augenblick
wuchert das Geld wie Gras,
wuchert die Armut, wie Gras und Geld,
wuchert die Not, der Haß,
mehr noch als Liebe tut,
wuchert das Leben,
Rücken an Rücken
mit dem Wucherer Tod.

Berthold Viertel, der Künstler, konnte zum Zeitpunkt der Niederschrift noch nicht wissen, daß nur zweieinhalb Jahre danach Adolf Hitler in einer Denkschrift zum Vierjahrplan – im August 1936 – formulieren wird:

I. Die deutsche Armee
muß in vier Jahren einsatzfähig sein.
II. Die deutsche Wirtschaft
muß in vier Jahren kriegsfähig sein . . .“

Gerade in jenem August 1936 aber sah es ganz besonders festlich und friedlich in Deutschland aus. Am Ersten des Monats war in Berlin die Olympiade eröffnet worden. Zwar wurden vorsorglich am 22. Juni schon 800 Antifaschisten in Haft genommen; doch die Mehrheit des Volkes erfreute sich am neuerbauten „Reichssportfeld“ und begrüßte begeistert seine ausländischen Gäste, zu denen der schwedische Erbprinz gehörte.

Alles war, um bei den Worten Berthold Viertels zu bleiben, „noch lieblich“. So lebte man dem Augenblick der Tage und bedachte nicht, was kommen könnte.

Obwohl es offizielle Texte gab wie diesen:
„Dem deutschen Volke ist die Wehrhaftigkeit durch eine seit Jahrtausenden kampferfüllte Geschichte zur zweiten Natur geworden . . . Wenn christliche Orientierung die Schlagkraft des deutschen Volksheeres lähmen würde, dann hätte Deutschland unmöglich während des Weltkrieges vier Jahre hindurch einer gewaltigen Übermacht . . . standhalten . . . können. Der Christusglaube hat – das ist tausendfach erwiesen – die schlichten und todgeweihten Kämpfer des Weltkrieges seelisch gestärkt und immer wieder aufgerichtet. Opferbereitschaft und zähes Durchhalten der Frontsoldaten, die euch jungen Menschen in erschütternder Form jedes Jahr am Heldengedenktag wie ein Mahnmal vor die Seele gestellt werden, wuchsen in den meisten Fällen auf dem Boden des christ-

lichen Glaubens und wurden genährt vom Opfer des Krieges."
So schrieb der katholische Feldbischof Rarkowski am 13. Juni 1937 in einem Artikel, der in der Bayrischen Katholischen Kirchenzeitung veröffentlicht wurde.
Ein Text, um Gefallener des ersten Weltkrieges zu gedenken, zum „Heldengedenken".
Nur das?

Es gibt noch mehr im Deutschland jener friedlichen Jahre, das aufhorchen läßt.

Der Arbeitsdienst*

„Soll die letzte Station der Prüfung soldatischer Eignung sein. Der Junge ist inzwischen 19 Jahre alt geworden. Er steht im Arbeitsdienst in einer systematischen körperlichen und charakterlichen Schule, die ihm die Leistungen mitgeben soll, die das Heer beim Soldaten voraussetzen muß ... Man ist nicht mehr Lehrling, sondern in seiner militärischen Laufbahn Geselle geworden, um nach dem Heeresdienst als Meister entlassen zu werden.

Diese letzte Prüfung wird ohne jede Schonung sein und das beste, das härteste Material für den Heeresdienst herausholen."

Wie sich ein solcher „Geselle“ im Arbeitsdienst fühlte, darüber geben Tagebuchaufzeichnungen Auskunft, die wir in einer Emigrantenzeitschrift fanden:

„1. Oktober 1936 Heute habe ich mich gestellt und trete meine halbjährige Dienstzeit im Arbeitslager von Mühlhausen an. Man wird ja sehen ... Unter den Jungen ist kein bekanntes Gesicht.

5. Oktober 1936 Ernst Hagenauer ist aus Langensalza hierhergekommen. Als er mir gestern eine Zigarette anbot, kamen wir ins Gespräch. Ihm imponiert der militärische Schneid vom Gruppenführer Köhler mächtig. ‚Mensch, das ist doch mal was anderes als die alte Quengelei zu Hause‘, meinte er ... Wir arbeiten sehr angestrengt. Es besteht eine Handwerkerkolonne und eine Landgruppe. Wöchentlich werden sie ausgewechselt. Manchmal macht es schon Spaß, in Gemeinschaft zu schaufeln. Das Futter ist einfach, aber man wird satt.

15. Oktober 1936 Gestern gab es Krach. Als Köhler, der Gruppenführer, wieder darüber sprach, daß wir hier zur Arbeit erzogen würden, fragte Karl Klinke ganz ernsthaft, wo die Lohntüte bleibt. Das gab einen Heidenlärm, er mußte für seine Unverschämtheit in Arrest, und Köhler meinte aufgebracht, es gäbe eben immer Quertreiber, die den großen Sinn dieser Zeit nicht verstehen wollten. Solche Elemente müßten ausgestoßen werden aus jeder Gemeinschaft. Seitdem hüten wir uns, mit Klinke zu sprechen, wenn Köhler dabei ist ...

30. Oktober 1936 Jetzt wird es draußen schon unfreundlich, und wir sind mehr in den Werkstätten beschäftigt. Abends stellen wir ein kleines Mundharmonika-Orchester zusammen. Als zögen Soldaten ins Feld, erklang es: ‚Muß i denn, muß i denn zum Städtele hinaus ...‘

6. Dezember 1936 Wir schnitzen ein paar Kleinigkeiten für das Weihnachtsfest, aber unter uns will keine rechte Stimmung aufkommen ... Fast alle fahren für die Feiertage nach Hause. Da geht das Taschengeld restlos für das Fahrgeld drauf.

27. Dezember 1936 Nun geht 1936 zu Ende. Ich habe gar keinen Wunsch für das neue Jahr. Und doch würde ich so gern Pläne schmieden wie früher, als ich noch die Schule besuchte, als ich nichts so sehnlich wünschte, wie endlich erwachsen zu sein, um zu zeigen, was ich kann, und daß ich etwas kann. Wem soll ich es denn zeigen? Wer braucht denn schon meine Modell-Zeichnungen? Wer würde sie bezahlen, damit ich leben kann? Darauf gibt es keine Antwort, auch hier im Lager nicht.

20. Januar 1937 An wen könnte man sich halten? Ich möchte gern für eine Aufgabe leben. Ich spüre, Müller und noch einige im Lager glauben nicht an das, was Köhler predigt. Aber was setzen sie an seine Stelle? Ich kann mir allein hundertmal diese Frage stellen, ich finde keine Antwort.

5. Februar 1937 Jetzt haben wir bald unsere halbjährige Dienstzeit hinter uns, dann geht es wieder nach Hause. Mir graut davor. Wenn auch Köhler mit seinem Feldwebelton hier niemand für den ‚Lagergeist‘ begeistern kann, ich gehe dennoch ungern nach Hause. Das Ausmarschieren, Antreten, Wegtreten, Unter-Kommando-beschäftigt-sein gibt wenigstens die Illusion einer Aufgabe.

15. März 1937 Wir scheuern Tische und Bänke. Wir arbeiten wie die Besessenen an der Säuberung des Lagers. In zwei Wochen wird der Kreisleiter der NSDAP bei uns sein zur Entlassungsfeier ... Ich bin bedrückt. Die Nächte sind so lang. Ich gehe immer wieder mit mir zu Rate, warum gelingt es mir nicht, das Mißtrauen von Müller zu zerstreuen und ihn zum Sprechen zu bewegen? Ich fühle eine Kraft in ihm, die mir vielleicht meine Ruhe wiedergäbe. Ob er einen Ausweg weiß, der nicht zum Schlachtfeld führt? Mir sagen die tönenden Worte der Nationalsozialisten nichts. Ich brauche keine Kolonien. Ich brauche nicht mehr Raum, mir genügt die Stube bei den Eltern oder anderswo. Aber Arbeit brauche ich. Und Luft zum Leben.

27. März 1937 Der Saal ist festlich hergerichtet. Wir sind aufgeregt wie vor einer Schulprüfung. Endlich hören wir das Schnaufen eines Motors. Kreisleiter

1938 erließen die Faschisten eine Anordnung, die alle ledigen Frauen bis zum 25. Lebensjahr verpflichtete, ein Jahr in der Land- und Hauswirtschaft oder in einem Arbeitslager zu „dienen“.

Vollrath ist angekommen. Köhler begrüßt ihn wie einen General. Sein Gesicht glänzt, als hätte er es mit Speck eingerieben. Schon tönt sein Kommando: ‚Angetreten, alles mal herhören.‘ Nach einigen Worten der Einführung nimmt Vollrath das Wort. Er ist extra aus Erfurt dazu herübergekommen. ‚Arbeitsdienstmänner!‘ rief er, und dann sagte er ungefähr so: ‚Dieser Abschied von der Lagergemeinschaft bedeutet keine Entlassung aus dem Dienst am Volk. Auch nach Ablegung eurer zweijährigen militärischen Dienstzeit werdet ihr wieder Abschied nehmen, aber entlassen seit ihr auch damit nicht. Wir erheben immer wieder Anspruch auf euch. Das Wort »Entlassen« wird es nur geben, wenn man euch ins Grab hinabsenkt.‘
‚Wenn man euch ins Grab hinabsenkt‘, summt es in meinem Kopf. Großt weht die rote Fahne mit dem Hakenkreuz über unserem Lager, langsam färbt sich das helle Rot dunkel wie geronnenes Blut und dann: tiefschwarz senkt sich die Fahne über ein weites Feld, über unzählige, weißlich schimmernde Zinksärge. Sie weht nicht mehr im Winde, sie spannt sich wie ein riesiges Leichentuch, das alles begräbt . . .
Der Rest der Abschiedsfeier ging für mich unter in dieser furchtbaren Vision. Erst als ich mit meinem Koffer am Bahnhof stand und auf den Zug wartete, besah ich mir den Bogen, den Gruppenführer Köhler jedem als Merkblatt in die Hand gedrückt hatte; in gotischer Schrift, mit einer kleinen Hakenkreuzgirlande umrankt, war da zu lesen:

**‚Lernt dem Tod ins Auge blicken!
Ist das Mahnwort unserer Zeit.
Wird man dich ins Feld bald schicken,
bist du gegen jede Furcht gefeit.
Und dann schieße, steche, schlage!
Das erfordert unser Sieg;
sei ein Deutscher ohne Klage,
dafür stirb und dafür gib.‘**

Wenn doch der Zug unaufhaltsam weiterführe! Weiter, weiter . . . irgendwohin, wo es das alles nicht gibt. Wo die Menschen arbeiten und glücklich sind! Die Fahne, die Lagerfahne verfolgt mich, als wollte sie mich schon jetzt unter ihrem Leichentuch begraben . . .“

„Über ganz Spanien

wolkenloser Himmel . . .“

Dieser Satz, der vom spanischen Rundfunk gesendet wurde, „über ganz Spanien . . .“ sollte nicht Bestandteil eines Reisewetterberichts im Sommer des Jahres 1936 sein. Er sollte ebensowenig poetische Umschreibung für die friedliche Stimmung dieses westeuropäischen Landes bedeuten. Er sollte vielmehr ein heimliches Signal sein, ein Code, wie man sagt, und sollte die Generalprobe des Krieges ankündigen. Jenes zweiten Weltkrieges, der nur fünf Monate nach Beendigung des Spanischen Bürgerkrieges beginnen wird.

„Denn ihre Kriege hören ja schon nicht mehr auf“,

charakterisierte der Dichter Bertolt Brecht die Aktion der Faschisten.

„Die italienischen Flugzeuggeschwader, die sich auf das unglückliche Abessinien gestürzt hatten, erhoben sich, noch mit heißem Öl, in die Luft und vereinigten sich mit den deutschen Geschwadern, um sich mit ihnen gemeinsam auf das spanische Volk zu stürzen.“

So gesprochen auf dem II. Internationalen Kongreß der Schriftsteller 1937. Der Dichter wußte schon damals, daß die Jahre, die den Deutschen in Deutschland so geruhsam erschienen, es keineswegs waren. Denn der Faschismus, der seine Macht nach innen stabilisiert hatte mit Hilfe all der Verbote, Verhaftungen, Vertreibungen, der Folterungen und Morde, er drängte darauf, seine Macht nach außen zu tragen.

Zunächst einmal als Kumpan eines anderen Faschisten, des spanischen Generals Franco, der nicht wie Hitler auf legalem Wege erreichte, was den Nazis in Deutschland 1933 gelungen war. Die Volksfront, die Kommunisten, Sozialisten und bürgerlich-republikanische Parteien vereinigte, war 1936 in Spanien noch zu stark.
Diese Volksfront, im Februar 1936 durch Wahlen zur Regierung gekommen, kämpfte für eine Agrarreform in Spanien, für soziale Erleichterungen, und sie kämpfte gegen das Analphabetentum.

„In verschiedenen Teilen des Landes Massen von Bauern, die in engen Behausungen zusammengepfercht sind und jeden Tag zur Bearbeitung ihrer Parzellen zehn oder fünfzehn Kilometer zurücklegen müssen, in anderen Teilen weite, wüstenähnliche, ganz oder fast unbebaute Regionen, ohne ein Haus, ohne irgend etwas, das auf ein Menschenwesen schließen ließe . . .“

Fotomontage von John Heartfield

Diese Beschreibung gegen Ende des 19. Jahrhunderts traf im ersten Drittel des 20. Jahrhunderts noch immer auf weite Teile Spaniens zu.

Es gab etwa 200 000 Grundbesitzer und reiche Bauern; 3 Millionen arme, kleine und mittlere Bauern und 2 Millionen Landarbeiter.

Von den Reichen besaß zum Beispiel der Herzog von Medinaceli allein 79 146 Hektar Land. Der Herzog von Alba 34 455 Hektar.
Insgesamt wurden in Spanien Anfang der dreißiger Jahre mehr als eine Million Hektar Boden von den Grundbesitzern nur zur Jagd genutzt.

Deshalb setzte sich die Volksfrontregierung für eine gerechtere Bodenaufteilung ein, darum die Agrarreform.

Solchen fortschrittlichen Bemühungen mußte – nach dem Willen der Besitzenden, die sich mit Kirche und Heer einig wußten – ein Ende gesetzt werden. Sie verunsicherten die Bevölkerung durch Devisen- und Lebensmittelschmuggel, mit willkürlicher Schließung von Fabriken, was Arbeitslosigkeit bedeutete, und bald folgten politische Morde. Ein General stellte sich an die Spitze der Verräter des Volkes: Franco.

Und im Juli 1936 schließlich verkündete ein Rundfunksender jenen harmlos klingenden, doch unheilvollen Satz:

„Über ganz Spanien wolkenloser Himmel"

„Schon krachten erste Schüsse", schreibt A. G. London in dem Buch „Prolog für ein neues Spanien". „Eilends errichteten die Arbeiter in den wichtigsten Straßen Barrikaden. Mit bloßen Händen stürzten sie sich auf die verräterischen Soldaten, um ihnen ihre Waffen zu entreißen. Ein Gewehr wurde oft nur um den Preis von zwei oder drei Menschenleben errungen . . .
. . . Im größten Teil des Landes konnte der Putsch niedergeschlagen werden. Madrid und Barcelona waren von Putschisten gesäubert. Marine und Luftwaffe waren in ihrer Gesamtheit der Regierung treu geblieben. Die Regierung ging somit siegreich aus dieser ersten Kraftprobe hervor; sie hätte, so durfte man annehmen, die Lage im ganzen Land in kurzer Zeit wieder normalisieren können.

Der Sieg war der antifaschistischen Einheit zu verdanken, die in diesen historischen Stunden Arbeiter, Bauern, fortschrittliche Intellektuelle, die große Mehrheit des städtischen Kleinbürgertums und gewisse Kreise der bürgerlichen Mittelschicht gebildet hatten.
Italien, Deutschland und Portugal, die schon an den Vorbereitungen für den Putsch aktiv beteiligt gewesen waren, beschlossen nun, zur direkten Intervention überzugehen, um die Niederlage Francos zu verhindern."

General Galland, später Inspekteur der Nazijagdflieger, schrieb in seinem Buch „Die Ersten und die Letzten": „Mussolini (der italienische Faschistenführer; d. Verf.) und Hitler entschlossen sich, Franco zu helfen. Die ‚Hisma' wurde gegründet, ein Lufttransportunternehmen, das mit Transportflugzeugen und deutschen Besatzungen Franco-Truppen aus Nordafrika über die Meerenge aufs spanische Festland transportierte. Es entstand die erste Luftbrücke ... So konnte Franco schon in den ersten Monaten des Bürgerkrieges die nationale Position festigen."

„Wir brauchen eine nationale Regierung in Spanien, um uns das spanische Erz zu sichern."

Hitler, im Juni 1937 in Würzburg

Das Datum, das für alle Zeiten den faschistischen Putsch in Spanien benennt, der 18. Juli 1936, ist aber zugleich das Datum, mit dem der heldenhafte nationalrevolutionäre Befreiungskrieg des spanischen Volkes beginnt.

„No pasarán!"

„Sie kommen nicht durch!"

hieß die Losung, die schon am 19. Juni 1936 von der Kommunistischen Partei Spaniens ausgegeben war.
Und ein Ausspruch der tapferen Dolores Ibárruri* wurde zum Wahlspruch aller Patrioten:

„Lieber stehend sterben als kniend leben."

„Es ist eine unumstößliche Tatsache, daß die Niederlage des spanischen Volkes die Kriegsgefahr verhundertfachen und die Entfesselung des Kriegs durch die faschistischen Aggressoren wesentlich beschleunigen würde. Der Sieg des spanischen Volkes dagegen würde eine neue Barriere gegen die Entfesselung des Krieges errichten. Wer ernsthaft die Aufrechterhaltung des Friedens wünscht, muß das in seinen Kräften Stehende tun, damit die faschistischen Eindringlinge in kürzester Zeit aus Spanien vertrieben werden und das spanische Volk seine Freiheit und seine Unabhängigkeit sichern kann."

Georgi Dimitroff, Generalsekretär der Kommunistischen Internationale

Die Kommunistische Internationale gründete ein Komitee zur Unterstützung des spanischen Volkes:
Lebensmittel, Kleider, Medikamente und Feldlazarette, aber auch Gruppen von Pflegerinnen und Ärzten wurden nach Spanien geschickt. Das Komitee half bei der Evakuierung der Zivilbevölkerung aus den Gefahrenzonen und stellte ihr dafür Lastwagen zur Verfügung. Es brachte Kinder in ausländischen Familien unter. Es mobilisierte die öffentliche Meinung gegen die Verbrechen der Intervention.
Gleichzeitig mehrten sich die Beweise internationaler Arbeitersolidarität. So weigerten sich beispielsweise die Hafenarbeiter, Schiffe mit Kriegsmaterial zu beladen, die für die Faschisten bestimmt waren; verdächtige Schiffe hielten sie durch Streiks auf. Die Internationale Assoziation der Seeleute und Hafenarbeiter stellte in vielen Häfen Beobachtungsposten auf, die verdächtige Schiffe aufzuspüren hatten. Auf diese Weise verhinderten die Hafenarbeiter in Marseille und Antwerpen zum Beispiel in Zusammenarbeit mit der Besatzung des französischen Schiffes „Belle Isle“ das Auslaufen eines Konvois. Die Besatzung des dänischen Schiffes „Karl“, die in Bordeaux Benzin für die Putschisten laden sollte, weigerte sich, diese Arbeit auszuführen, und ging von Bord.
Auch in den faschistischen Ländern waren Solidaritätsbeweise für das republikanische Spanien nicht selten. Ein Hafenarbeiter in Hamburg gab seinen Wochenlohn von 25 Mark einem amerikanischen Seemann, damit dieser ihn an die Hilfsorganisation für Spanien weiterleite. In den Kruppwerken in Rheinhausen

Eine Menschenmenge empfängt in Barcelona den sowjetischen Dampfer, der Lebensmittel bringt.

verhaftete die Gestapo zahlreiche Arbeiter, weil sie Geld für Spanien gesammelt hatten. In der Waffenfabrik von Tarni, Italien, kamen viele Arbeiter wegen der Verbreitung von Propagandaschriften für die spanische Republik vor ein Ausnahmegericht. In Mailand, Turin, Genua, Livorno, Venedig und anderen italienischen Städten wurden Arbeiter verhaftet, weil sie die spanische Volksfront unterstützt oder ihre Sympathie für sie zum Ausdruck gebracht hatten.
Das alles waren Solidaritätsbekundungen von Arbeitern, auch Intellektuellen und Künstlern.
Die kapitalistischen Staaten aber leisteten keine Hilfe, schließlich ging es ja, wie bekannt, um Veränderung von Besitzverhältnissen. Und welcher Besitzende hätte zugestimmt, Geld, Lebensmittel oder Medikamente den armen kämpfenden Bauern in Spanien zu spenden?
Nur zwei Staaten halfen: die sozialistische Sowjetunion und Mexiko.
Doch es trafen nicht nur Spenden ein. Im Oktober 1936 formierten sich die Internationalen Brigaden.
Es kamen auch Menschen, die an der Seite der Spanier kämpfen wollten. Unter den ersten waren antifaschistische Emigranten aus Deutschland, Italien, Portugal, Polen, die in Spanien Asyl gefunden hatten. Ihnen folgten andere, deren Zufluchtsland Frankreich geworden war. Es kamen Tschechoslowaken, Ungarn, Franzosen, Engländer, Belgier, Dänen und andere.

Der Vorsitzende der Sozialistischen Internationale, Louis de Brouckére (erster von rechts), besuchte im Sommer 1937 die Front vor Madrid. Neben ihm der Generalinspekteur der Internationalen Brigaden, Luigi Longo (Mitte), und ihr Politischer Leiter, Franz Dahlem.

Drei bedeutende Künstler, die Schriftsteller Hemingway aus den Vereinigten Staaten, Ludwig Renn aus Deutschland und der holländische Filmdokumentarist Joris Ivens, an der Madrider Front mit dem Kommissar Hans Kahle (2. von links).

Egon Erwin Kisch (in schwarzer Uniform) gehört ebenfalls zu den Interbrigadisten.

Ihr Eid lautete:

„Ich bin hier, weil ich Freiwilliger bin,
und ich werde, wenn es sein muß,
mein Blut bis zum letzten Tropfen geben,
um die Freiheit Spaniens zu retten,
die Freiheit der ganzen Welt.“

Nach dem 18. Juli 1936 formierte sich die Kampfabteilung Thälmann, die hauptsächlich aus Deutschen bestand und auf Anregung von Hans Beimler kurz darauf in die „Centuria Thälmann“ (Hundertschaft Thälmann) umgewandelt wurde.

„Wir haben auf unsere Fahnen den Namen unseres mutigen Genossen und Führers geschrieben, weil er ein Beispiel im antifaschistischen Kampf gibt und weil wir hier, an der spanischen Front, gegen Hitler und für die Freiheit unseres deutschen Vaterlandes kämpfen.“

Bodo Uhse, ein deutscher Schriftsteller, kämpfte wie seine Kollegen Ludwig Renn und Willi Bredel in Spanien. Er schrieb in jenen Jahren eine „Spanische Episode“:

„... Sie würden bald wiederkommen, hatten die Männer gemeint, als sie gegangen waren; aber die Frauen glaubten daran nicht mehr, und es schien ihnen, als rückten die Berge im Süden immer weiter fort.

Nur die Kinder wollten das Wort der Väter nicht vergessen und fragten nach ihnen und forschten, wann endlich sie denn heimkämen, und da die Mütter, mürrisch geworden, ihnen die Antwort verweigerten, erfanden sie sich Geschichten von der Heimkehr ihrer Väter.

Die schönsten dieser Geschichten wußte Marguerita, ein mageres Mädchen von zwölf Jahren mit übergroßem, stets offenstehendem Mund, mit schmalem Gesicht und kleinen, aber brennend schwarzen Augen. Sie lag jeden Tag draußen vor dem Dorf an einem kleinen Hang im Schatten eines Dornbusches und hütete zwei Ziegen. Felipe und Marta hatte sie die beiden Tiere getauft. Wenn diese müde von der Hitze sich zu ihr in den Schatten legten, damit sie sich nicht langweilten während des nicht endenwollenden mahlenden Wiederkäuens, erzählte sie jene Geschichten von der Heimkehr des Vaters. Er würde mit Riesenschritten eines Tages von den Bergen herunterkommen, mit vielen anderen und mit einem großen Gewehr, größer als die Gewehre der Soldaten, die würden davonlaufen vor ihm. Und natürlich würde er zwei große Büschel Brennesseln mitbringen für Felipe und Marta. Und für Marguerita? Das Mädchen sah die beiden Ziegen an und fuhr mit der knochigen kleinen Hand über den heißen Boden. Sie überlegte, was ihr der Vater mitbringen müsse, daß es auch ein richtiges Wiederkehren sei, und nachdem sie lange geschwankt hatte und mit krauser Stirn überlegt, ob ein Halstuch oder ein Armreif schöner sei, ganz verloren dabei schon in der Freude des Wiedersehens, war sie durch den lauten Gesang der Soldaten erinnert worden, daß es soweit noch nicht sei. So verzichtete sie, wenn auch zögernd, auf Armreif und Halstuch und entsann sich eines anderen, wohl nötigeren Geschenkes. Sie umarmte erst Felipe und dann Marta und flüsterte ihnen in die schwarzbehaarten Ohren: ‚Ein Geschenk für Marguerita, ein großes Gewehr.‘

Hierauf sprang Marguerita auf, so daß die Tiere über ihre rasche Bewegung erschraken, und winkte hinüber zu den Bergen, als wolle sie den Vater mahnen, nun auch rasch zu kommen mit seinen Geschenken. Leise sang sie dabei vor sich hin, nach einer Melodie, die sie sich selbst ersonnen: ‚U atsche pe – u atsche pe‘ – Proletarische Brüder, vereinigt euch ...

Wenn ich es zwanzigmal spreche, dachte sie im kindlichen Spiel, so wird der Vater kommen. Darum wiederholte sie ihr kleines Lied und zählte dabei; doch als sie bei sechzehn angelangt war, sagte eine Stimme: ‚Wem gehören die?‘

Marguerita wandte sich um und sah vor sich einen Soldaten, der mit zwinkernden Augen die beiden Tiere betrachtete. Ihr Blick wagte sich kaum zu seinem roten Gesicht auf, dann schlug sie die Augen nieder und sah die nackten Füße des Mannes im Sand. Sie waren plump und schorfig und hatten merkwürdig große Zehen, so daß sie Angst bekam vor diesen Füßen.

‚Wem gehören denn die Ziegen?‘ fragte der Soldat noch einmal.

Dem Mädchen schlug das Herz so sehr, daß ihre Stimme flatterte, als sie antwortete: ‚Sie gehören meinem Vater und meiner Mutter. Sie heißen Felipe und Marta.‘

‚Quatsch‘, sagte der Soldat, ‚wie dein Vater und deine Mutter heißen, will ich gar nicht wissen.‘

‚Die Ziegen heißen so‘, sagte das Mädchen leise.

Der Soldat lachte laut, als habe er so etwas noch nie gehört. ‚Also hier haben auch die Ziegen Namen‘, rief er aus, ‚sind übers Taufbecken gehalten worden, und der Herr Pfarrer hat Weihwasser darüber gesprengt.‘

‚Das tut ja nichts, wie sie heißen‘, sagte er nach einer Weile ganz gutmütig zu dem Mädchen und klopfte ihm auf die Schulter, ‚eine von beiden nehme ich doch mit.‘ Er wußte selbst nicht, ob ihm ernst damit war, oder ob er nur seinen Scherz mit dem Mädchen treiben wollte.

Das hatte sich dünn und schmal aufgerichtet, und da es vor ernstem Erschrekken jetzt alle Angst verloren hatte, sagte es mit strenger Stimme:

‚Nein, keine Ziege nimmst du mit.‘

Dabei blickte Marguerita dem Soldaten fest ins Gesicht, in das rote, breite, gleichmäßige Gesicht, das aussah wie andere Gesichter auch. Aber sie hütete sich, ihm auf die Füße zu sehen, denn sie flößten ihr Furcht ein.

Da das Mädchen nicht, wie er wohl erwartet hatte, zu weinen oder zu bitten begann, sondern festblieb in seinem Widerstand, ärgerte sich der Mann, daß seine Uniform der Kleinen so wenig Respekt beibringe, und damit war er schon entschlossen, aus dem Scherz Ernst werden zu lassen.
‚Die dort nehme ich mit mir', erklärte er jetzt wieder drohend, wobei er mit der Hand auf Felipe wies. Diese Hand nun sah ebenso schlimm aus wie die Füße, weshalb das Mädchen, von neuem der Angst anheimfallend, nach ihrem Vater um Hilfe rief.
Indessen packte der Soldat die Ziege mit sicherem Griff, unbekümmert um des Mädchens Geschrei, zögerte dann aber doch und fragte barsch, wo denn der Vater des Mädchens sei, denn er wollte sichergehen.
‚Er ist in den Bergen', meinte das Mädchen.
‚Also, ein Roter ist er', brüllte nun der Soldat, ‚dann Schluß mit dem Theater!' Damit holt er einen Strick aus der Tasche und band ihn der Ziege um den Hals, um sie fortzuführen.
‚Aber der Vater kommt, wenn ich ihn rufe', schrie das Mädchen und schluckte seine Tränen.
Der Soldat lachte nur. ‚Da wirst du laut rufen müssen, Kleine', sagte er.
Wie er sich nun aber daran machte, mit der Ziege davonzugehen, reckte sich Marguerite auf und sprang ihn an wie ein Tier. Mit den Füßen stieß sie ihn in den Leib, mit den Nägeln zerkratzte sie ihm das Gesicht. Wutergrimmt stieß sie mit den Fingern nach seinen Augen, und sie biß sich in seine Hand fest, so daß der Soldat aufschrie vor Schmerz und Gewalt brauchte, sich von ihr freizumachen. Dabei hatte er den Strick fahrenlassen müssen, so daß Marguerita die Ziege wieder an sich gebracht hatte. Sie hockte mit zerrissenem Kleid und weißem Gesicht auf den Knien am Boden und hielt die beiden Tiere umarmt.
Verwundert sah der Soldat zu dem Kind hinüber. Er fühlte, daß ihm warm geworden war. Er setzte sich Marguerita gegenüber in den Sand und blickte sich um. Die Kleine blieb unbeweglich hocken und hielt die Tiere fest umschlungen. Ihr großer Mund war schmal geworden, ihre Augen aber blickten weit aufgerissen dem Mann ins Gesicht. Schließlich schüttelte der Soldat den Kopf und lachte.
‚Wieso denn Felipe und Marta?' fragte er. ‚Es ist doch kein Bock dabei.'
‚Wenn ich den Vater rufe, kommt er', wiederholte das Mädchen zitternd. Der Soldat lachte lauter, und es klang unheimlich. ‚Ein Bock muß doch Hörner haben', rief er.
Marguerita rührte sich nicht. ‚Wenn ich den Vater rufe, kommt er', sagte sie.
Da riß dem Soldat die Geduld. Er schlug sich aufs Knie und sprang auf. ‚Ich nehme beide Ziegen mit', rief er.
Marguerita begriff, daß sie den Soldaten nicht mehr hindern konnte, ihr die Tiere wegzunehmen. Sie sah seine Füße durch den gelben Sand auf sich zukommen und wollte sich verzweifelt auf den Boden werfen in ihrer Ohnmacht. Da fiel ihr plötzlich ein Scherz ein, den sie oft mit den anderen Kindern getrieben hatte. Sie stand auf; lachend auf einmal, denn das gehörte zu dem Scherz, wies sie mit ihrer kleinen Hand nach den Bergen hin.
‚Da kommt der Vater doch!' rief sie, und als sie bemerkte, daß der Soldat übertölpelt wirklich dorthin blickte, wohin sie ihren Finger ausgestreckt hatte, wollte sie rasch davonlaufen.

Aber aus der Richtung, auf die sie gezeigt hatte, eben von der Höhe des Berges herab, kam ein Flugzeug, es flog ganz niedrig, gerad auf sie zu.
Das ist der Vater, dachte Marguerita, das ist ja viel schöner als alle Geschichten, er kommt mit dem Flugzeug!
Sie wiederholte es laut zu dem Soldaten: ‚Da kommt der Vater, ich sagte es dir ja, daß er kommt, wenn ich ihn rufe!'
Der Soldat blickte in den blauen Himmel hinauf, er legte die Hand über die Augen und erkannte die breiten roten Streifen an Rumpf und Flügeln des Flugzeuges.
Das Mädchen lachte ihn aus: ‚Du hast es mir nicht geglaubt!' ‚Felipe, Marta', lockte sie die Ziegen und lief davon.
Aber sie kam nicht sehr weit, denn der Soldat zog den Revolver und schoß. Weil er ein guter Schütze war, traf er sie mit der zweiten Kugel schon ins Herz.
Bei der Pilarika, dachte er, als er das Kind stürzen sah – und rief auf solch vertrauliche Weise die heilige Mutter Gottes von Pilar an – sie hatte schon Brüste, die kleine Kröte. Er wandte sich um und schickte einen sinnlosen Pistolenschuß dem Flugzeug nach, das sich noch mehr gesenkt hatte und eine Bombe fallen ließ, die im Dorf unweit der Kneipe explodierte.
Die Milizionäre in den Bergen oben sahen mit zusammengepreßten Lippen, wie eine dunkle Rauchfahne sich über dem Dorf erhob. Sie verstanden das Signal. Sie stiegen den Berg hinunter und traten zum Sturm an, Margueritas Vater war unter ihnen."

Margueritas Vater und seine Genossen kämpften aber nicht nur gegen die eigenen faschistischen Soldaten, sie mußten sich ebenso der bewaffneten Streitkräfte mächtiger Staaten erwehren.
Tag für Tag gelangte modernstes deutsches und italienisches Kriegsmaterial nach Spanien. Die Flotten beider Länder beteiligten sich und unterstützten die faschistischen Generäle mit Angriffen auf Schiffe, die republikanische Häfen anliefen.
Zehn Jahre später, im Nürnberger Kriegsverbrecherprozeß, sagte der ehemalige Reichsluftfahrtminister Göring zu der Einmischung in Spanien aus:
„Der Führer überlegte sich, ich drängte lebhaft, die Unterstützung unter allen Umständen zu geben. Einmal, um der Ausweitung des Kommunismus an dieser Stelle entgegenzutreten, zum zweiten aber, um meine junge Luftwaffe in diesem oder jenem Punkt technisch zu erproben."
Was diese „Erprobung" bedeutete, veranschaulicht eine Tagebuchnotiz:

30. 4. 1937 „Guernica, Stadt von fünftausend Einwohnern, buchstäblich dem Erdboden gleichgemacht. Angriff erfolgte mit 250 kg- und Brandbomben, letztere etwa 1/3. Als die ersten Ju-52 kamen, war überall schon Qualm von Versuchsbombern, die mit drei Flugzeugen angriffen. Keiner konnte mehr Straßen-, Brücken und Vorstadtziel erkennen und warf nun mitten hinein. Die 250er warfen eine Anzahl Häuser um und zerstörten die Wasserleitung. Die Brandbomben hatten nun Zeit, sich zu entfalten und zu wirken. Die Bauart der Häuser: Ziegeldächer, Holzgalerie und Holzfachwerkhäuser, führte zur völligen Vernichtung. – Bombenlöcher auf Straßen noch zu sehen, einfach toll . . ."
1. 5. 1937 „Ich beschließe, auf Urlaub zu gehen, da in nächster Zeit in Bilbao doch nichts los. Auf Steinbock in Gredos. Sander genehmigt. Morgen geht's los."

Der Tagebuchschreiber leitete die Entwicklungsabteilung im Technischen Amt des Reichsluftfahrtministeriums, war von November 1936 bis Ende Januar 1937 Chef der Luftwaffen-Versuchsgruppe in Spanien, dann Stabschef der Legion Condor*. Er hieß Freiherr von Richthofen.

Eine Aufstellung bezeugt, wie die Hilfe der deutschen Faschisten für Franco vom 7. November 1936 bis zum 31. Oktober 1938 aussah:

Art der Hilfe	Kosten in Reichsmark
Waffen	**6 284 356,37**
Munition	**44 135 235,32**
Gerät	**111 069 475,63**
Transport	**16 563 471,78**
Treibstoff	**1 988 603,35**

Hinzu kamen sonstige Sachausgaben, Versicherungen, Reisen, Einkleidungsbeihilfen, sonstige persönliche Ausgaben und Vorschüsse.

Insgesamt wurden **190 377 890,23 RM** verbraucht.

Ausgaben zur „Erprobung von Waffen" und damit, wie Göring es formulierte, „. . . auch das Personal eine gewisse Erfahrung bekam . . ."

Erfahrungen im Kriegshandwerk. Gesammelt im Kampf gegen ein Volk, das seine Freiheit und soziale Gerechtigkeit verteidigte. Gesammelt von Faschisten an der Seite von Faschisten, die alle gemeinsam die Weltuhr zugunsten der Besitzenden zurückstellen wollten.

Auszug aus einem Brief des antifaschistischen Schriftstellers Hans Marchwitza vom 19. 4. 1937:

„Ein kleines, aber rührendes Stück will ich Dir noch erzählen. Eines Abends werden einige Überläufer gebracht. Frische, lebhafte Bauernburschen. Ich lasse sie von zwei unserer spanischen Wachposten betreuen. Einer der Posten besieht sich die Gesichter der Überläufer und sagt: ‚Die sind aus meiner Provinz, ich erkenne sie immer sofort.' Dann stellt es sich wirklich heraus, daß der eine Überläufer aus der gleichen Stadt stammt wie der Posten. Der Posten bekommt ein düsteres Gesicht und beginnt zu erzählen, wie die Faschisten in seiner Heimat gehaust haben: 1 500 Menschen haben sie erschossen, darunter seine Mutter, die nicht verraten wollte, wo sich der jüngste Sohn aufhielt.
Der Überläufer lauschte stumm und wurde immer erregter. Er begann zu zittern. Der Posten unterbrach seine Erzählung, zog mit einer schnellen und seltsam schönen Gebärde seinen Umhang ab und warf ihn dem Überläufer zu: ‚Deck dich zu', sagte er, und er half dem anderen, der noch zögerte, ‚wir sind trotz alledem Brüder. Du kannst ja nichts dafür.' "

Am 23. Februar 1939, einige Wochen, bevor die Volksfrontrepublik endgültig geschlagen wurde, veröffentlichte das Politbüro der Kommunistischen Partei Spaniens eine Resolution. Darin hieß es, ein Sieg der Faschisten „wäre das Ende all dessen, was sich die Arbeiter in Jahrzehnten der Arbeit und harter Kämpfe errungen haben; er würde allen demokratischen Freiheiten ein Ende setzen, zur Vernichtung jeglicher Menschenwürde und zu erniedrigender Sklaverei führen. Den Bauern und Landarbeitern würde der Boden, um den Generationen verachteter Landleute gekämpft hatten und den sie nun von der Republik bekommen hatten, wieder entrissen werden, und sie würden von neuem der Gewalt des Gutsherrn und des Dorfgewaltigen unterworfen werden . . ."

Am 1. April 1939 erklärte Franco den Bürgerkrieg für beendet.
Die Übermacht der Interventen, Verhandlungen zwischen den spanischen Faschisten und europäischen Regierungen, Verrat und Intrigen brachten Franco zu seinem Ziel.

Am 1. April 1939 endete also die „Generalprobe" des Krieges, der nur fünf Monate später, am 1. September 1939, mit dem Überfall der deutschen Faschisten auf Polen begann.

„Es ist eine unumstößliche Tatsache, daß die Niederlage des spanischen Volkes die Kriegsgefahr verhundertfachen und die Entfesselung des Krieges durch die faschistischen Aggressoren wesentlich beschleunigen würde."

Georgi Dimitroff, 1939

„Die Kriegserklärung

in jedem Fall am Anfang

steht nicht mehr

eines Krieges."

Im Jahre 1938 versandte ein Arbeitsamt in Deutschland folgendes Schreiben:

... den 12. September 1938
„Frau Graf, Ida.
Auf Grund der Kriegsgesetze haben Sie sich nach Bekanntgabe des Mobilisierungsbefehls, ohne einen anderweitigen Bescheid abzuwarten, am ... Mobilisierungstage bis ... Uhr vormittags in ... zur Arbeit einzufinden. Diese Mitteilung ist geheim zu halten ... Sie stehen vom Beginn des Gestellungstages an unter den Kriegsgesetzen ... Die Nichtbeachtung dieser Mitteilung wird bestraft."

Es begann sich also abzuzeichnen, was Adolf Hitler 1936 als Ziel gestellt hatte:

„Die deutsche Wirtschaft muß in vier Jahren kriegsfähig sein."

Ob derjenige, der seine 5,– RM pro Woche – wenigstens – seit dem 1. August 1938 auf die Sparkasse trug, sich des Ausmaßes der damaligen Bedrohung bewußt war?
Die das Geld annahmen, die Bankherren, wußten dagegen sehr genau, um welche Bezüge es ging. So ist durch Untersuchungen nach dem Zweiten Weltkrieg erwiesen, daß zum Beispiel die Deutsche Bank am stärksten zur Aufrüstung beitrug.
Später wird dieselbe Deutsche Bank die Kontrolle über die Böhmische Unionsbank übernehmen, auch den größten Teil des Aktienbesitzes* der Société Générale de Belgique und ...
Aber noch hat der Zweite Weltkrieg nicht begonnen. Halten wir unsere Kenntnisse darum zurück.
Noch spart so mancher Deutsche, träumt von seinem Volkswagen und davon, wie einer so „Kraft durch Freude" gewinnen wird.
Vielleicht träumt er auch den Traum, den er träumen soll, den

Traum von Lebensraum.

Weil ja, wie jeder nachlesen kann im Gesundheitslexikon, „offene Räume" Menschen „anziehen". Dagegen „... erfüllte oder übererfüllte geben Menschen ab".

„1914 glaubte man dem Volk sagen zu können, daß die Kohlenbecken in Nordfrankreich erstrebenswerte Kriegsziele sind. Kein Mensch im einfachen Volk interessiert sich für diese Kohlenbecken. Heute sagen wir: ‚Lebensraum'. Jeder kann sich vorstellen, was er will. Was wir wollen, werden wir zur rechten Zeit schon wissen."

Aus einer geheimen Erklärung des Reichsministers Dr. Goebbels am 5. April 1940 vor geladenen Vertretern der deutschen Presse.

Gewiß, das wird erst 1940 mit so brutaler Offenheit bekannt. Doch dem Wesen nach könnte es schon im Jahre 1938 zugegeben worden sein.

Weil bereits im März des 38er Jahrs in einer „Denkschrift des Oberkommandos der Wehrmacht“ (OKW) formuliert ist:

„. . . Staat, Wehrmacht und Volk werden auf eine möglichst hohe Kriegsbereitschaft gebracht, bevor der öffentliche Mobilmachungsbefehl erlassen wird . . .“

„Was wir wollen, werden wir zur rechten Zeit schon wissen.“
Im März 1938 war „rechte Zeit“, um zu erklären:
„Die Überraschung als Voraussetzung für schnelle und große Anfangserfolge wird oft dazu zwingen, die Feindseligkeiten zu beginnen, bevor die Mobilmachung oder gar der Aufmarsch des Heeres beendet ist.

Die Kriegserklärung steht nicht mehr in jedem Fall am Anfang eines Krieges.“

Wer besonders den zweiten Satz aufmerksam vermerkt, wird fragen: Was denn – wenn nicht die Kriegserklärung – was steht dann am Anfang eines Krieges für Generäle, die im Auftrag und Interesse des deutschen Imperialismus handeln?

Bereits im März 1938 hielt Hitler vor dem Reichstag eine Rede, in der er zwei Nachbarländern mit offenem Eingreifen drohte, um, wie er es nannte, „Deutsche Volksteile zu schützen“ . . .: Österreich und die Tschechoslowakei.

Dank der Hilfe eines österreichischen Faschisten, der unter dem Druck der deutschen Faschisten Bundeskanzler von Österreich wird – sein Name ist Seyß Inquart –, dringen deutsche Soldaten am 11. März 1938 um 20.25 Uhr ins Land ein.
Am 19. März ist Österreich vollständig besetzt.
Gegen diesen außenpolitischen Streich protestiert die Sowjetunion als einziger Staat. Sie bezeichnet die Aktion als einen „Angriff gegen den Frieden in Europa“.
Was, wie bald zu erkennen sein wird, die Wahrheit ist.
Denn auf Österreich folgt am 1. Oktober 1938 der Angriff auf die Tschechoslowakei.
Aber die westlichen Staaten, insbesondere Großbritannien und Frankreich, handeln, verhandeln, taktieren mit der deutschen faschistischen Regierung. Weil für sie ein Pakt mit dieser naheliegender ist als ein Bündnis mit dem ersten sozialistischen Staat der Welt, der Sowjetunion. Noch hoffen sie, ihre Konkurrenten, die Herren der deutschen Industrie, würden ihre faschistischen Truppen ausschließlich nach Osten schicken.
Übrigens ist es auch in der Tschechoslowakei ein Faschist, der den Einfall ins Land vorbereiten hilft: Henlein, Führer der Nazis im Sudetenland, einem Ge-

biet, das von deutschsprachigen Bürgern der ČSR bewohnt wird. Er verlangt von der Prager Regierung „autonome* Selbstverwaltung" des Sudetenlandes und ungehinderte Verbreitung der Naziideologie. Als die Tschechoslowakei den Forderungen nicht nachkommt, verstärken sich die Drohungen gegen das Land, und die Vorbereitungen für den Überfall werden planmäßig und zügig vorangetrieben.

Wieder unternimmt die SU diplomatische Anstrengungen, um eine kollektive Rettung der ČSR im Bündnis mit Großbritannien und Frankreich zu erreichen. Doch sie bittet erneut vergeblich.

Das einzige, das erfolgt, ist: auf der Londoner Konferenz am 28. und 29. April 1938 drohen Großbritannien und Frankreich der ČSR, jede Hilfe einzustellen, wenn die Tschechoslowakei nicht die Forderungen der Henlein-Faschisten erfüllen würde.

Am 18. Juli findet dann eine geheimgehaltene Besprechung zwischen dem Adjutanten Hitlers und dem englischen Außenminister in London statt, bei der es um die „Lösung der sudetendeutschen Frage" geht. Bei diesem Treffen müssen sich die Herren außerordentlich übereinstimmend empfunden haben. Denn Lord Halifax sprach aus:

„Ich als englischer Außenminister habe das Ziel in meinem Leben, so weit zu kommen, daß eines Tages der Führer an der Seite des Königs von England im Buckingham Palace einzieht." Lord Halifax hat dieses Ziel seines Lebens nicht erreicht. Daß er es nicht konnte, daran waren die Gesamtentwicklung der Welt und die bald darauf neu aufbrechenden Widersprüche zwischen den imperialistischen Staaten „schuld".

Kurz vor dem Überfall auf die ČSR wird aber nach der Londoner noch eine andere Konferenz stattfinden: die Münchener Konferenz. Am 29. September 1938 verrieten in München, in gemeinsamer Absprache mit dem deutschen Faschisten Hitler und dem italienischen Faschisten Mussolini, Mr. Chamberlain als Vertreter Großbritanniens und Monsieur Daladier als Repräsentant Frankreichs die Tschechoslowakei. Indem sie den Faschisten die Abtretung des Sudetenlandes zubilligten.

Diese Münchener Konferenz war ein außenpolitischer und diplomatischer Sieg der Faschisten. Noch unterschätzten also die europäischen Staaten die Gefahr, weil sie die Gier auf Eroberung der deutschen Faschisten unterschätzten. Also blieb die Sowjetunion in ihrer Bemühung, das Schlimmste – den Krieg – abzuwenden, allein und isoliert.

Am 1. Oktober 1938 hieß ein Teil der ČSR „Gau Sudetenland". Es wurde von faschistischen Truppen besetzt und als dem Deutschen Reich zugehörig erklärt.

Es folgte ein Befehl am 21. Oktober des gleichen Jahres:

„Erledigung der Rest-Tschechei. Es muß möglich sein, die Rest-Tschechei jederzeit zerschlagen zu können . . ."

„Rest-Tschechei" bedeuteten die tschechischen Gebiete Böhmen und Mähren.

Die Slowakei hatte sich unter der Schirmherrschaft der deutschen Faschisten und mit Hilfe bestimmter Kreise, die eine Loslösung der Slowakei anstrebten, als selbständige Einheit von der Tschechoslowakei trennen wollen.
Diese Bestrebungen wurden von der ČSR jedoch nicht gebilligt und die slowakische Regierung am 10. März 1939 für abgesetzt erklärt.

Am 15. März 1939 fordert Hitler den tschechoslowakischen Präsidenten Emil Hácha auf, sein Land auszuliefern.
Die Regierung der ČSR folgt der Aufforderung. Das tschechoslowakische Volk aber leistet Widerstand gegen die Eindringlinge.
Unter anderem werden deutsche Antifaschisten, in die ČSR emigriert, vor den Faschisten versteckt.

„Und so kam der 15. März 1939 ... In wenigen Minuten standen wir auf der Straße und verschwanden in der Menge, die verbissen, mit finsteren Gesichtern, den Einmarsch der Wehrmachtskolonnen beobachtete. Es war keinen Augenblick zu früh gewesen ... Da erhielt man irgendeine fremde Adresse und kam zu einem Studenten in sein Dachzimmer oder zu einem alten Arbeiterehepaar in eine enge Kellerwohnung oder zu einer Lehrerin in eine Laubenkolonie oder zu einem Arzt, der einen in sein Auto setzte und über Nacht in der Garage einschloß. Und alle diese tschechischen Genossen wußten nichts weiter, als daß dieser wildfremde Mann ein deutscher Kommunist sei ... Und so verließen wir Prag mit nichts als unseren Aktentaschen, aus denen wir die letzten vier Wochen sozusagen gelebt hatten ..."
Aus Erinnerungen von Professor Dr. Hans Nathan

Bereits in jenen frühen Tagen begannen nicht alle, aber die ersten deutschen

Soldaten nachdenklich zu werden. Zum Beleg dessen wollen wir kurze Berichte wiedergeben, die Antifaschisten niedergeschrieben haben:

„Wie man uns belogen hat, sahen wir, als wir unmittelbar vor Prag weder Rauchwolken noch Flammen sahen. Man hatte uns gesagt, Prag stünde in Flammen. Oberleutnant B. hatte uns schon Tage vorher erzählt, in Prag gehe alles drunter und drüber, Straßenkämpfe seien im Gang und eine kommunistische Regierung terrorisiere das Volk. Einwohner sagten uns, daß alles ruhig sei, und wenn die Kommunisten regiert hätten, wäre die

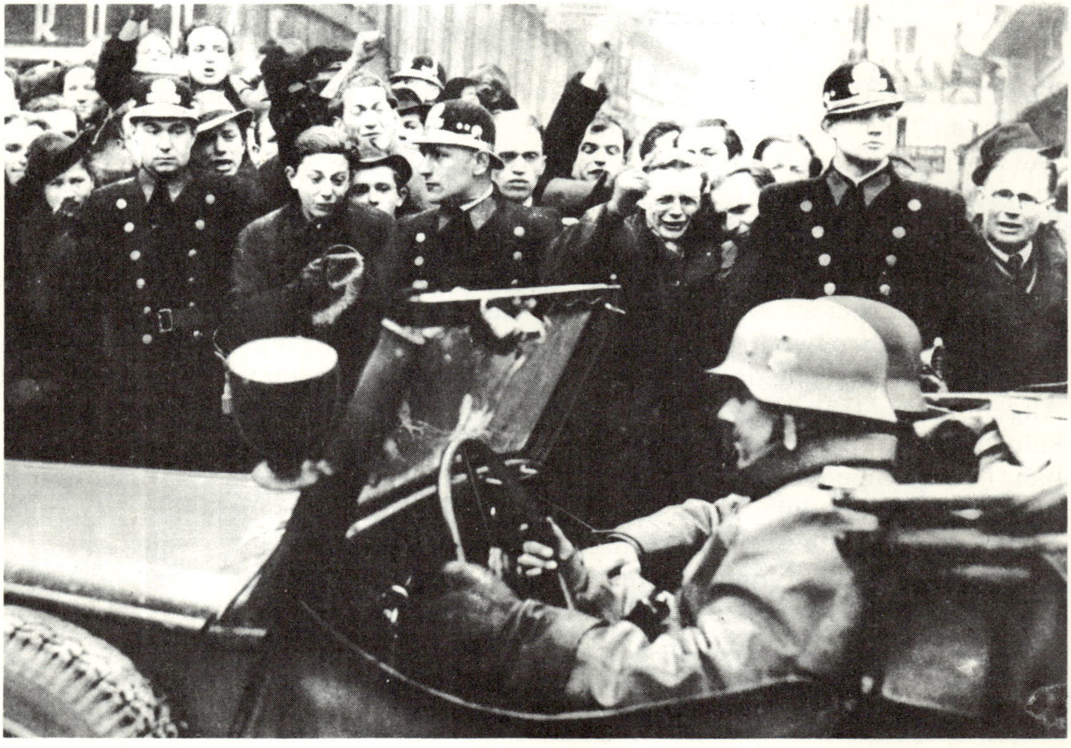

Republik verteidigt worden und kein deutscher Soldat hier. Artilleristen erklärten in einem Gespräch mit Arbeitern: ‚Wir wissen, daß ihr uns nicht wollt. Aber glaubt ihr, wir wären freiwillig gekommen?' Ein Soldat fragte einen Straßenbahnschaffner erstaunt: ‚Warum wart ihr eigentlich so dumm und habt uns hereingelassen?'

„Bei uns ist das Fassen von Entschlüssen leicht", hatte Adolf Hitler gesagt. „Wir haben nichts zu verlieren, nur zu gewinnen."
Bei einer solchen Haltung der Faschisten ist es nicht verwunderlich, wenn den Überlegungen, wie und wer demnächst von den Nachbarn zu „überraschen" sei, nach der Tschechoslowakei gleich Polen folgte.
Wenn es nicht Dokumente gäbe, Aussagen in Prozessen nach dem zweiten Weltkrieg, könnte man alles das kaum glauben. Solch eine brutale Fantasie wäre schwer vorstellbar.
Aber es gibt Dokumente, wir kennen die Zeugen, die die Methoden der deutschen Faschisten bekundet haben. Wieder provozierten sie. Angehörige des faschistischen „Sicherheitsdienstes" überfielen den deutschen Sender Gleiwitz an der Grenze zu Polen. Sie trugen Uniformen der polnischen Armee, waren also verkleidet.

Wie der nachstehende Bericht bezeugt, führten sie einen bereits bewußtlosen KZ-Häftling bei sich. Nachdem in einem Scheingefecht die angeblichen Polen vertrieben worden waren, erschossen deutsche Polizisten den Gefangenen und hinterließen ihn als „Opfer" der vorgegaukelten Aktion.

„Der Vorfall in Gleiwitz, an dem ich teilnahm, wurde am Vorabend des deutschen Angriffs auf Polen ausgeführt. Soweit ich mich erinnere, brach der Krieg am 1. September 1939 aus. Am Mittag des 31. August bekam ich von Heydrich per Telephon das Schlüsselwort, daß der Anschlag um 8 Uhr abends desselben Tages zu erfolgen habe. Heydrich sagte: ‚Um diesen Anschlag auszuführen, melden Sie sich bei Müller wegen der Konserve.'
Ich tat dies und wies Müller an, den Mann in der Nähe der Radiostation an mich abzuliefern. Ich erhielt diesen Mann und ließ ihn am Eingang der Station hinlegen. Er war am Leben, aber nicht bei Bewußtsein. Ich versuchte, seine Augen zu öffnen. Von seinen Augen konnte ich nicht feststellen, daß er am Leben war, nur von seinem Atmen. Ich sah keine Schußwunden, nur eine Menge Blut über sein ganzes Gesicht verschmiert. Er trug Zivilkleider. Wir nahmen die

Radiostation wie befohlen, hielten eine drei oder vier Minuten lange Rede über einen Notsender, schossen einige Pistolenschüsse ab und verließen den Platz."

Die Konserve war übrigens ein Mensch.

Und die „Technik" – erinnert euch an den Reichstagsbrand im Jahre 1933 – die der Provokation.

Der sogenannte „Überfall" auf den Sender Gleiwitz schuf den Vorwand für den Zweiten Weltkrieg. Am 1. September 1939 zerstörten deutsche Soldaten den Grenzbaum zum benachbarten Land und marschierten in Polen ein.

Die Regierungen Englands und Frankreichs aber, die aufgrund von Bündnissen verpflichtet waren, dem polnischen Staat beizustehen, benötigten noch zwei ganze Tage, ehe sie – am 3. September 1939 – dem faschistischen Deutschland den Krieg erklärten. Sie sandten weder Truppen noch Waffen. Und so war das Schicksal des polnischen Volkes, das in einem „Blitzkrieg" von 18 Tagen besiegt wurde, besiegelt.

„Der Zwang war die Ursache, warum ich jahrelang nur vom Frieden redete. Es war nunmehr notwendig, das deutsche Volk psychologisch allmählich umzustellen und ihm langsam klarzumachen, daß es Dinge gibt, die, wenn sie nicht mit friedlichen Mitteln durchgesetzt werden können, mit Mitteln der Gewalt durchgesetzt werden müssen.

Dazu war es aber notwendig, nicht etwa nun die Gewalt als solche zu propagieren, sondern es war notwendig, dem deutschen Volk bestimmte außenpolitische Vorgänge so zu beleuchten, daß die innere Stimme des Volkes selbst langsam nach der Gewalt zu schreien begann."

Aus der Rede Adolf Hitlers vor der Deutschen Presse am 10. November 1938
Wie die deutschen Faschisten ihre Macht nach innen gebrauchten, haben wir dargestellt.

Verhaftungen, Inhaftierungen, Verbote, Vertreibungen, Morde, Tod, Tote und immer wieder Tote, das hieß Macht nach innen.

Und Macht nach außen?

In den Jahren der Besetzung werden

187 000 Österreicher

in Gefängnisse, Zuchthäuser und Konzentrationslager geworfen.

Nur **30 000** von ihnen können überleben.

Erwiesene Gewinner der Annexion sind die Reichswerke Hermann Göring AG, der fast alle österreichischen Berg- und Hüttenwerke gehörten, und die IG-Farben, der die chemischen Fabriken Österreichs unterstellt werden.

In der ČSR, oder wie es nach dem 15. März 1939 heißt: im „Protektorat* Böhmen und Mähren" werden von dem Henker Karl Herrmann Frank – Chef der Polizei im Protektorat – Massenverhaftungen vorgenommen, fortschrittlich Denkende gejagt.
Kohle, Erz und Stahl des Landes aber werden, wie auch andere Rohstoffe und Produkte, dem „großdeutschen" Markt zugeführt.
Nicht anders mit Polen. Und Göring hatte bereits im Juli 1938 vor Flugzeugindustriellen den „Sieg" in dem bevorstehenden Krieg so beschworen:

„Dann ist Deutschland die erste Macht der Welt, dann gehört Deutschland der Markt der Welt, dann kommt die Stunde, wo Deutschland reich ist."

In einem Fernschreiben von Georg von Schnitzler, Mitglied des Vorstandes und des Zentralausschusses der IG-Farben-Industrie AG, an Kurt Krüger, Direktor der IG-Farben-Industrie AG, vom 7. September 1939 heißt es:

„Bitten schon jetzt RWM (Reichswirtschaftsministerium) von nachstehenden Zusammenhängen zu unterrichten: Im Laufe der nächsten Tage werden aller Voraussicht nach vier polnische Farbstoffabriken in deutsche Hände fallen ... Auf den Fabriken befinden sich erhebliche und wertvolle Vorräte in Vor-, Zwischen- und Endproduktion, alle fast ausschließlich auf dem Gebiet der Teerfarbstoffe und der ihnen verwandten Hilfsprodukte. Ohne zu der Frage des Weiterbetriebes der Fabriken im gegenwärtigen Moment Stellung nehmen zu wollen, möchten wir es für unbedingt erforderlich halten, daß die Verwertung der vorgesagten Vorräte im Interesse der deutschen Volkswirtschaft durch Sachverständige erfolgt. Nur die IG ist in der Lage, diese Sachverständigen zu stellen. Haben hier vorgesehen, daß Herr Direktor Schwab, der Leiter unseres hiesigen osteuropäischen Farbstoffgeschäfts, für diese Aufgabe bereitgestellt werden soll ... Sind Mitte nächster Woche persönlich in Berlin, um weitere Besprechungen mit zuständigen Stellen aufzunehmen, und bitten, solche Besprechungstermine vorzubereiten.“

„Im Krieg wird sich vieles vergrößern“.

sagte der Dichter Bertolt Brecht. Er fuhr fort:

„. . . Es werden größer werden
die Besitztümer der Besitzenden
und das Elend der Besitzlosen,
die Reden der Führer
und das Schweigen der Geführten.“

Nicht alle in der Welt sahen dem Treiben der deutschen Faschisten als den Handlangern deutscher Kapitalherren widerspruchslos zu.

Von den Bemühungen der Sowjetunion ist im Zusammenhang mit Österreich und der ČSR schon berichtet worden.

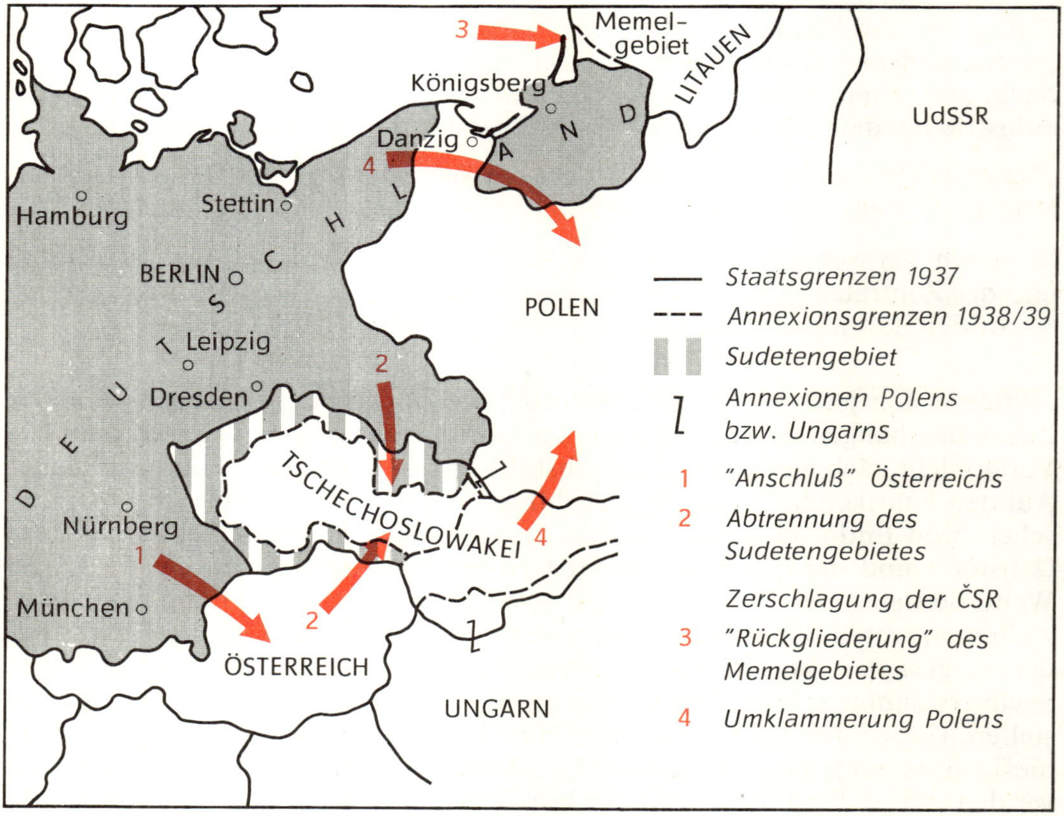

Ebenso erhoben ihre Stimme, warnten, appellierten: die deutschen Kommunisten. Ähnlich der Spartakusgruppe vor und während des ersten Weltkrieges rief das ZK der KPD in Resolutionen und Erklärungen gegen die drohende Kriegsgefahr auf.
Ähnlich wie Thälmann in den Jahren 1930, 1931, 1932, ja noch während der ersten Wochen des Jahres 1933, versuchen sie andere antifaschistische Kräfte von der einzigen Möglichkeit für einen Sieg zu überzeugen: von der Aktionseinheit. So sagen sie am 25. August 1939 in einem Brief, daß

„. . . es in entscheidendem Maße von der Geschlossenheit und Aktivität der antifaschistischen deutschen Opposition abhängt, ob den Kriegstreibern in Berlin die Brandfackel des Krieges aus den Händen geschlagen wird . . .“

Aber wieder lehnt der Parteivorstand der SPD das Ansuchen ab.

Anfang Februar 1939 heißt es dann im Aufruf der KPD:

„Die Politik des Hitlerfaschismus dient nicht den nationalen Interessen Deutschlands, sondern den Interessen der großen Rüstungskapitalisten und der Nazibürokratie. Sie ist in Wirklichkeit ein Verrat an den Interessen des deutschen Volkes und bedroht die Existenz der deutschen Nation."

Die Konferenz, bei der diese Worte geschrieben wurden, ist als Berner Konferenz bekannt. Auf ihr wird eindeutig beschlossen, nach der endlichen Zerschlagung des deutschen Faschismus, die einmal erfolgen muß, in einem neu aufzubauenden deutschen Staat alle Grundlagen für das Wiederaufkommen von Faschismus zu vernichten.

Durch Enteignung der Monopol- und Bankherren – durch eine Bodenreform zugunsten der Landarmen.

Aber das ist ein damals formuliertes Fernziel. Zunächst galt es auf vielfältige Weise den Faschisten Widerstand zu leisten.

Widerstand –
trotz Verhaftungen und Foltern.

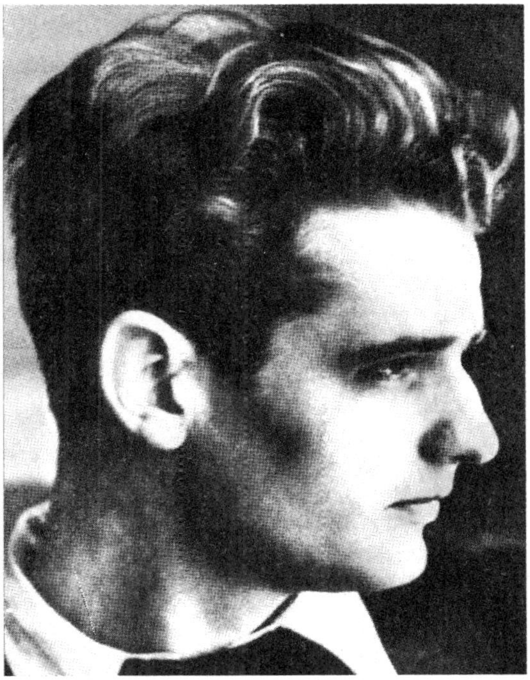

Die Studenten Sophie und Hans Scholl, hingerichtet am 22. Februar 1943.

Der Sozialdemokrat Dr. Adolf Reichwein, hingerichtet am 20. Oktober 1944

Der Theologe Dietrich Bonhoeffer, ermordet am 9. April 1945.

Von links nach rechts: Reichswirtschaftsführer Dr. Schacht, Reichsfinanzminister Graf Schwerin von Krosigk, Reichsarbeitsführer Hierl und Reichsverkehrsminister Dr. Dorpmüller und Generaloberst Freiherr von Fritsch

„Volksgemeinschaft“

Auch in Zeiten des Krieges werden Briefe geschrieben.

„Der Krieg ist nun einmal eine harte Angelegenheit ... Gott sei Dank ist der Mensch außergewöhnlich anpassungsfähig. Er vergißt die schlechten Tage, sobald die Sonne wieder scheint, und fügt sich auch bei gutem Willen in mißliche Verhältnisse ... Bei mir regte sich das alte Soldatenherz, ich wäre gern dabeigewesen."

Das Herz des Leutnants Güthe, an den der Brief gerichtet war, regte sich nicht mehr, als diese Zeilen in Polen eintrafen. Er war gefallen.
Derselbe Schreiber, ein Konzerndirektor, stellte in einem anderen Brief fest:

„Von dem tragischen Geschick unseres lieben Kollegen Güthe haben Sie sicherlich schon gehört. Er fiel in der Nähe von Warschau an der Spitze seines Panzerabwehrzuges, seinem Vater und Schwiegervater folgend, die beide im Weltkrieg den Tod fanden."

Gemeint ist hier der Erste Weltkrieg. In diesen Septembertagen des Jahres 1939 wußten viele noch nicht, daß dieser neue Krieg zum Zweiten Weltkrieg werden sollte.

Ob der junge Leutnant Heinz Güthe wohl die Predigt gehört hat, die Feldbischof Rarkowski am 1. September 1939 hielt?

„In ernster Stunde, da unser deutsches Volk die Feuerprobe der Bewährung zu bestehen hat und zum Kampfe um seine natürlichen und gottgewollten Lebensrechte angetreten ist, wende ich mich ... an euch Soldaten, die ihr in diesem Kampf in der vordersten Front steht und die große und ehrenvolle Aufgabe habt, die Sicherheit und das Leben der deutschen Nation mit dem Schwerte zu schützen und zu verteidigen ...

Jeder von euch weiß,
worum es in diesen Sturmestagen
unseres Volkes geht ..."

Worum geht es? Da fragen wir besser noch einmal genauer:

Worum geht es wem?

Der unbekannte Arbeitsdienstmann, gewiß in den Septembertagen 1939 ebenso zum Soldaten bestimmt wie unser Leutnant Güthe, fürchtete das Leichentuch, und der Vers

**„Wird man dich ins Feld bald schicken,
bist du gegen jede Furcht gefeit . . .“**

wird ihn kaum mutiger gemacht haben. Er sehnte sich „irgendwohin, wo es das alles nicht gibt. Wo die Menschen arbeiten und glücklich sind“.
Leutnant Güthe hatte, wie wir vom Absender des Briefes erfahren, Vater und Schwiegervater im Ersten Weltkrieg verloren. Er gehörte also zu den Waisen der einst 10 Millionen Gefallenen. Das Leben eines Waisenkindes in den schweren, geschilderten Jahren nach 1918 aber war nicht leicht.

Ob er das längst vergessen hatte unter dem

**„. . . Und dann schieße, steche, schlage!
Das erfordert unser Sieg!
Sei ein Deutscher, ohne Klage,
dafür stirb und dafür gib.“?**

Vielleicht glaubte er wirklich daran, „nach dem Heeresdienst als Meister entlassen zu werden“, hatte das „dafür stirb und dafür gib“ gar nicht ernst genommen. Nun war er tot. Schon in den ersten Wochen des Krieges.

Vielleicht war es um den Gefallenen bestellt, wie Bertolt Brecht es im „Lied einer deutschen Mutter“ gedichtet hat:

**Mein Sohn, ich hab dir die Stiefel
Und dies braune Hemd geschenkt:
Hätt ich gewußt, was ich heute weiß,
Hätt ich lieber mich aufgehängt.**

**Mein Sohn, als ich deine Hand sah
Erhoben zum Hitlergruß,
Wußt ich nicht, daß dem, der ihn grüßet,**

die Hand verdorren muß.

Mein Sohn, ich hörte dich reden
von einem Heldengeschlecht.
Wußte nicht, ahnte nicht, sah nicht:
Du warst ihr Folterknecht.

Mein Sohn, und ich sah dich marschieren
Hinter dem Hitler her
Und wußt nicht, daß, wer mit ihm auszieht,
Zurück kehrt er nimmermehr.

Mein Sohn, du sagtest mir, Deutschland
Wird nicht mehr zu kennen sein.
Wußte nicht, es würd werden
Zu Asche und blutigem Stein.

Sah das braune Hemd dich tragen,
Hab mich nicht dagegen gestemmt.
Denn ich wußte nicht, was ich heut weiß:
Es war dein Totenhemd.

Für den Heinz der Frau Güthe bedeutete das Unternehmen in Polen keinen Gewinn. Ihm nicht und seiner Mutter, die im Ersten Weltkrieg den Mann und im Zweiten den Sohn verlor, schon gar nicht.
Die Herren der Industrie vergrößern ihren Besitz im Kriege.

Ein Arbeiter, der im Betrieb nach dem Motto dieser Herren „dieselbe Verpflichtung" hat „wie der Mann an der Front", er heißt Kurt Wohlfahrt, berichtete:
„Im August 1943 wurde in Berlin-Spandau ein Bergbaubataillon zusammengestellt, dem neben mir viele andere Kollegen der Mansfeld angehörten. Der Bataillonschef war Hauptmann von Wedelstedt. Unsere Adresse lautete: ‚Wehrwirtschaftliche Ersatzabt. IV Südost'. Wir wurden nach Jugoslawien geschickt. Dort wurden die Kompanien auf die einzelnen Gruben verteilt, die sich die

Mansfeld angeeignet hatte. Zwei Kompanien kamen in die Kohlegruben von Kostalac und Paracin, eine Kompanie zu den Manganerzvorkommen von Skopje, unsere Kompanie kam nach Bor.
Wir mußten acht Stunden im Bergbau arbeiten und hatten anschließend Wachdienst zu machen. Außerdem wurden wir wöchentlich ein- bis zweimal zu Einsätzen gegen jugoslawische Partisanen geschickt. Wir bekamen keinen Lohn, sondern nur unseren Wehrsold."

Nicht viel. Auf jeden Fall weniger als der Mansfeld-Konzern damals erwarb. Leuten von der Art des unbekannten Arbeitsdienstmannes, des Heinz Güthe und Kurt Wohlfahrt spendierten die Direktoren dafür reichlich Reden. Bertolt Brecht hatte vorausgesagt, auch die Reden würden im Kriege größer, nicht nur die Besitze der Besitzenden.
Ein einprägsames Beispiel dafür wurde uns die Ansprache des Geheimrats Dr. Bücher, des Generaldirektors der AEG, ein Elektro-Konzern, auf der Fabrikdirektorensitzung am 5. November 1942:

„... Die Situation ist so, daß wir in einem Kriege stehen, der um Sein oder Nichtsein – nicht nur der Partei, sondern jedes einzelnen von uns geht. Wer sich darüber nicht klar ist, der sollte sich besinnen. Es ist auch ganz klar, daß, wenn der einzelne seine Pflicht nicht tut, das Ganze nicht gehen kann, denn die Zahl unserer Feinde ist größer als die Zahl unserer Freunde ...
Aber die oberste Direktive lautet: Aufrechterhaltung der Armee und Versorgung der Armee mit den besten Waffen! Die Verpflichtung der Wirtschaft dem Staate gegenüber läßt sich in einem einzigen Satz fassen:
‚Der Mann, der hier arbeitet, hat dieselbe Verpflichtung wie der Mann an der Front!'
Wenn er versagt, dann muß die Front versagen, und wenn die Front versagt, nützt ihm die Arbeit nichts. Das ist eine naturgegebene Kopplung. Und dasselbe ist mit unserem Unternehmen der Fall. Wir stellen in der AEG mit Tochtergesellschaften 1 % der deutschen Wirtschaft dar. Wir haben einen Produktionswert von 1½Milliarden. Wenn wir den mit 100 multiplizieren, kommen wir auf die Produktion des Deutschen Reiches. Wir tragen die Verantwortung für ein Hundertstel der deutschen Wirtschaft. Wir tragen sie aber in weit größerem Maße, denn Sie wissen, daß wir an Kriegswichtigkeit über dem Durchschnitt liegen. Also, wenn unser Unternehmen versagt, und das Unternehmen kann dann versagen, wenn wir alle zusammen unsere Pflicht nicht tun, dann sind die Interessen der Allgemeinheit auf das Schärfste berührt. Nun ist ja die Situation so, daß das Reich und die Regierung heute ganz andere Mittel haben und auch zur Anwendung bringen, um die Interessen der Allgemeinheit zu wahren. Unsere Regierung ist darin nicht zimperlich, und sie wird denjenigen, der versagt, zur Rechenschaft ziehen, und zwar mit aller Schärfe. Und das ist nach meinem Dafürhalten auch richtig."

Nicht zimperlich sein! Da wird, wie es heißt, durchgegriffen. Das geht selbst Ärzte an, sogenannte Vertrauensärzte, die im Februar 1943 eine Mitteilung erhalten. Darin steht unter anderem:

„... sind vom behandelnden Arzt oder vom Vertrauensarzt Spezialuntersuchungen (Röntgen etc.) veranlaßt, die nicht sofort ausgeführt werden können, so bleibt der Patient bis zum Eingang des Röntgenbefundes arbeitsfähig ... Bei Anlegung eines so strengen Maßstabes kann es vorkommen, daß es auch Gefallene in der Heimat gibt. Dieses Risiko darf den Vertrauensarzt in seiner Entschlußkraft ebensowenig beeinflussen wie den Heerführer, der zur Erreichung strategischer Ziele oft Hunderttausende opfern muß. Der Reichskommissar wird den verantwortungsfreudigen Gutachter auch in solchen Fällen gegen alle Anfeindungen und Kritik zu schonen wissen und ihn auch bei etwaigen Fehlentscheidungen decken."

Wozu hat man die Regierung, den Staat, dem man zur Macht verholfen hat?

Rüstungskundgebung

Dabei bemühen sich selbstverständlich auch die einflußreichen Herren um strenge Disziplin und Gewissenhaftigkeit. Das belegt ein Schreiben des Generaldirektors Stahl vom Mansfeld-Konzern:

„Veranlaßt durch bedauerliche Vorkommnisse innerhalb unseres Unternehmens weise ich nachdrücklichst auf folgendes hin:
Es ist allgemein bekannt, daß Vergehen gegen die Kriegswirtschaftsverordnungen in bezug auf die Rationierung* lebenswichtiger Verbrauchsgüter, insbesondere Lebensmittel, aufs schärfste geahndet werden. Trotzdem kommen immer wieder Fälle vor, in denen versucht wird, sich auf unzulässige Weise in den Besitz von rationierten Verbrauchsgütern zu setzen ...
Es ist selbstverständlich, daß die Vorstandsmitglieder und Werkdirektoren in der strengen Beachtung der bestehenden Vorschriften mit gutem Beispiel vorangehen müssen und unter keinen Umständen einer an sie herantretenden Versuchung unterliegen dürfen ...
Ich brauche kaum zu betonen, daß gerade von unseren leitenden Herren alles vermieden werden muß, was den Anschein erwecken könnte, als ob sie sich unter Ausnutzung ihrer Stellung einen persönlichen Vorteil in der Lebensführung verschaffen wollten, selbst, wenn es sich um scheinbar harmlose Dinge handelt.“

Wenige Wochen danach, am 8. März 1943, sandte ebenderselbe Generaldirektor einem Revierförster Holtz einen Gruß:

„... Da ich weiß, daß Sie, lieber Herr Holtz, ein passionierter Raucher sind und heute die Tabakversorgung besonders schwierig ist, so lasse ich Ihnen in Erinnerung an manchen schönen gemeinsamen Pirschgang ein Kistchen guter holländischer Zigarren zugehen, mit denen ich mich noch etwas eindecken konnte ...“

Die von den Faschisten so nachdrücklich und lange propagierte

Volksgemeinschaft

gab es auch im Kriege nur dem Worte nach.

Oben und Unten

blieben getrennt wie eh und je.

„Aus den neugewonnenen

einen Garten Eden

Ostgebieten müssen wir

machen . . ."

„. . . Sie wollen das Problem der Märkte durch Versklavung der schwachen Völker, durch Steigerung der kolonialen Unterdrückung und durch eine Neuaufteilung der Welt auf dem Wege des Krieges lösen. Dazu brauchen sie den Faschismus. Sie suchen dem Anwachsen der Kräfte der Revolution durch Zerschlagung der revolutionären Bewegung der Arbeiter und Bauern und durch den militärischen Überfall auf die Sowjetunion, das Bollwerk des Weltproletariats, zuvorzukommen. Dazu brauchen sie den Faschismus."

Georgi Dimitroff auf dem VII. Weltkongreß der Kommunistischen Internationale 1935.

Die Sowjetunion, sich als eigentliches Ziel der deutschen Faschisten bewußt, hatte noch im Frühjahr 1939 versucht, mit den westeuropäischen Staaten zu einem Vertrag über gegenseitige Hilfe zu gelangen. Die Verhandlungen scheiterten. Zwar wollten Frankreich und England sich im Falle eines Überfalls auf Polen und Rumänien die Hilfe der UdSSR sichern, jedoch ließen sie die Frage offen, ob die Sowjetunion des Schutzes der anderen gewiß sein könnte.
In dieser Situation boten die deutschen Faschisten der Sowjetunion einen Nichtangriffspakt an. Damit täuschten sie ihr eigenes Volk ebenso wie alle anderen Völker über ihre wirklichen, geheimen Absichten.

Am 23. August 1939 wurde er in Moskau unterzeichnet. Er trat sofort in Kraft und sollte zehn friedliche Jahre garantieren.

Artikel Eins des Vertrages lautete:

„Die beiden vertragschließenden Teile verpflichten sich, sich jeden Gewaltakts, jeder aggressiven Handlung und jeden Angriffs gegeneinander, und zwar einzeln als auch gemeinsam mit anderen Mächten, zu enthalten."

Am 22. Juni 1941 überfallen die deutschen Faschisten die Sowjetunion von der Ostsee bis zu den Karpaten.

Zuvor wurde neben vielem anderen auch eine Aktennotiz angefertigt. General Georg Thomas, Chef des Wehrwirtschafts- und Rüstungsamts des OKW, hielt einen Vortrag bei Hermann Göring und wollte folgendes festgehalten wissen:
„Der Reichsmarschall war mit mir der Auffassung, daß eine Besetzung der Ukraine allein keinen Wert habe, sondern daß das Erdölgebiet von Baku unter allen Umständen mit gewonnen werden muß. Er war ebenso wie der Führer der Auffassung, daß bei dem Einmarsch dt. Truppen in Rußland der ganze bolschewistische Staat zusammenbrechen würde und daß dadurch mit den von mir gefürchteten Zerstörungen und Vernichtung der Vorräte und Eisenbahn im großen Umfang nicht zu rechnen sei. Es käme darauf an, zunächst schnell die bolschewistischen Führer zu erledigen."

Wochen später, ebenfalls vor dem Überfall, gibt es den „Kommissarbefehl", der feststellt:
„Urheber barbarisch asiatischer Kampfmethoden sind die politischen Kommissare. Gegen diese muß daher sofort und ohne weiteres mit aller Schärfe vorgegangen werden. Sie sind daher, wenn im Kampf oder Widerstand ergriffen, grundsätzlich sofort mit der Waffe zu erledigen."

Die in dem „Kommissarbefehl" genannte „Schärfe" brachte uns ein weiteres Zitat in Erinnerung:

„Gestern auf spanischem Boden, heute im bolschewistischen Rußland selbst, in jenem unermeßlichen Land, wo Satan in den Oberhäuptern der Republiken seine Stellvertreter und besten Mitarbeiter gefunden zu haben schien, schlagen jetzt tapfere Soldaten aus unserem Vaterland die größte Schlacht. Wir wünschen von ganzem Herzen, daß diese Schlacht uns den abschließenden Sieg und den Untergang des auf Verneinung und Umsturz gerichteten Bolschewismus bringen möge."

Diese Sätze sind einer Predigt entnommen. Der Predigt des Erzbischofs Constantini, Sekretär beim Vatikan, im August 1941.

Was die Kinder der Sowjetunion zu erwarten haben, äußerte der Reichsführer der SS Himmler so:

„. . . Die Gesamtlinie ist absolut die: Wir haben diesem Volk keine Kultur zu bringen.

Ich kann Ihnen nur wörtlich das wiederholen, was der Führer wünscht. Es genügt, 1. wenn die Kinder in der Schule die Verkehrszeichen lernen, damit sie uns nicht in die Autos laufen, 2. wenn sie das kleine Einmaleins bis 25 lernen,

damit sie so weit zählen können und 3. wenn sie noch ihren Namen schreiben können; mehr ist nicht nötig ..."

Jahrelang an den Gedanken gewöhnt, besser zu sein als Andersartige – Juden und Slawen zum Beispiel – also Menschen anderer Rasse und Kultur, empfand ein Deutscher wie dieser Soldat wohl kaum Mißbehagen. Er war schon in der Zeit vor dem Kriege innerlich darauf vorbereitet worden „hart zu sein" und ein „Herrenmensch". Abschreckende Bilder des „Untermenschen", Sowjetbürger, waren ihm ebenso geläufig wie der Vergleich jüdischer Menschen mit Ratten. Denn so waren letztere in einem Propagandafilm, den man damals auch noch „Kulturfilm" nannte, dargestellt worden. Und die Judenpogrome*, die sich seit der Kristallnacht im November 1938 immer mehr verstärkten, gewöhnten breite Schichten des deutschen Volkes unmerklich an den Ausrottungsgedanken.
Das also hieß es, wenn in einer Geheimen Kommandosache stand:

„Aus den neugewonnenen Ostgebieten müssen wir einen Garten Eden* machen ..."

Das Land der Erde, das seit 1917 um Frieden kämpfte und besonders in den Jahren 1938 und 1939 nicht müde wurde, insbesondere die Länder Europas vor dem Kriege zu warnen, zahlte den höchsten Blutzoll

20 000 000 Menschen kamen um.

Die Faschisten zerstörten und plünderten

1 710 Städte

und mehr als

70 000 Dörfer.

Der Wert der gestohlenen und vernichteten Gegenstände und Gebäude betrug

679 Milliarden Rubel.

„das Ziel . . . muß sein, daß die Ukrainer für Deutschland arbeiten . . . Mit eiserner Gewalt muß dieses Volk regiert werden, damit es uns jetzt hilft, den Krieg zu gewinnen.“ Gauleiter Koch, 1942.

Nach faschistischer Zielstellung sollte das Land Lenins, in dem die „Flamme Petrograds“ aufgeleuchtet war, gründlich und für alle Zeiten seiner sozialistischen Errungenschaften beraubt und die sozialistische Gesellschaft zerschlagen werden.

Dieselben Herren der Eisen- und Stahlindustrie, die 1932, von Magnitogorsk beunruhigt, schrieben:
„... den Nationalsozialisten heute zur Macht zu verhelfen, ehe es zu spät ist; denn die Fratze des Kommunismus pocht schon ganz energisch an die Tür ...“
verfaßten im Jahre 1941, drei Tage nach dem Überfall auf die Sowjetunion, zufriedenere Schreiben:
„Mit der fortschreitenden militärischen Besetzung russischer Gebiete ist bekanntlich beabsichtigt, eine weitverzweigte wirtschaftliche Organisation aufzuziehen. Für den Bereich Eisen und Stahl sind für die im ganzen vorgesehenen vier Verwaltungsbezirke (Leningrad, Moskau, Kiew und Kaukasus) folgende leitende Persönlichkeiten vorgesehen:
1. für Leningrad, Herr Direktor Korschau (Krupp AG);
2. für Moskau, Herr Direktor Gärtner, (Reichswerke Hermann Göring);
3. für Kiew, Herr Direktor Dr. vom Bruck, (Hoesch AG);
4. für Kaukasus – noch unbesetzt.
Das weitaus wichtigste Gebiet stellt die Ukraine mit einer Erzförderung von 22 Millionen Tonnen Eisenerz, 1,8 Millionen Tonnen Manganerz, einer Stahlproduktion von 12 Millionen Tonnen und etwa 35 wichtigen Hochofen- und Walzwerken dar.“
Aktenvermerk von Reichard, Leiter der Auslandsabteilung des Otto-Wolff-Konzerns.

Cantate Leningrad

Das deutsche Volk bestand in diesen schlimmen Tagen des Krieges gegen die Sowjetunion nicht nur aus solchen Erbarmungslosen, wie auf dem Foto im vorangegangenen Kapitel. Auch nicht nur aus Herren, die Öl und Erzerträge berechneten.
Besonders nach dem Überfall auf die Sowjetunion zeigte es sich, die „Flamme von Petrograd“ war in Deutschland von den Faschisten nicht gänzlich ausgetreten worden.

Die Widerstandsarbeit wurde aktiviert.

Die größte antifaschistische Organisation mit weitreichenden Kontakten vor allem nach Brüssel, Paris, Zürich und Moskau war die Schulze-Boysen/Harnack-Organisation. Ihr gehörten Menschen verschiedener sozialer Schichten an. Der Oberleutnant der Luftwaffe Harro Schulze-Boysen und der Wirtschaftswissenschaftler Arvid Harnack, der Dramaturg und Schriftsteller Adam Kuckhoff arbeiteten in ihr eng mit dem Journalisten John Sieg, einem ehemaligen Redakteur der „Roten Fahne“, zusammen. Zur Organisation, die unter dem Namen

Harro Schulze-Boysen, hingerichtet am 22. 12. 1942 in Berlin-Plötzensee

„Rote Kapelle" heute bekannt ist, gehörten Künstler, Studenten, Christen und Kommunisten. Menschen verschiedener Weltanschauung standen im Kampf nebeneinander.
Einer von ihnen war in den revolutionären Tagen von 1918, 1919 ein „Roter Matrose": Walter Küchenmeister.
Von dem, was an Gedichten des von den Faschisten Ermordeten erhalten blieb, soll hier die „Cantate Leningrad" zitiert sein. Sie bezeugt, es gab selbst in den Tagen der Belagerung Leningrads, die am 8. September 1941 beginnt, noch immer Deutsche mit einer tiefen Liebe zur „Flamme Petrograds".

Leningrad ...
Stolze Stadt des Bürgerkrieges.
Stadt der Hoffnung, Stadt des Sieges!
Leningrad!
Feinde zielen auf dein rotes Herz,
Doch du stehst nicht zitternd
Da im Schmerz,
Du, der Freiheit Barrikade,
Leningrad, Du Heldin dieser Zeit.

Leningrad ...
Ewig wollen wir dich halten,
Ewig trotzen den Gewalten:
Leningrad.
Tief in unsre Herzen eingeschreint
Ruht dein Urbild,
Das uns fest vereint,
Du, der Freiheit Barrikade,
Leningrad, Du Heldin unsrer Zeit.

Leningrad!
Fabriksirenen heulen laut:
Alarm! Alarm!
Vier Millionen Herzen rufen ebendort.
Und das Marschlied deiner roten Kader,
Deiner Tanks und deiner Luftgeschwader
Klingt und klingt:
Überall auf weiter Erde
Schwingt die Hämmer,
Ihr der Zukunft Schmiede.
Singt das Lied der Arbeit und der Waffen.
Denn das Eisen auf dem Amboß glüht.
Seht den Sieg, der eurer Arbeit blüht.
Laßt die Hämmer kreisen,
Ihr der Zukunft Schmiede.
Krieg und Raub der dunklen Mächte.
Und Europas Bestien gellen
Wie Schakale durch die Nächte,
Dir entgegen, Stadt Lenins.
Und die Stukas stoßen auf dich nieder,
Raubgetier im Stahlgefieder.
Doch du bist uns nicht verloren,
Und wir bleiben dir verschworen:
Denn wir haben unser Hoffen

Fest an dich, Du rote Stadt, gebunden,
Unser Leben dir geweiht.
Sieh, der Krieg, der dich betroffen,
Schlägt uns, wo wir stehen, Wunden.
Dennoch sind wir sturmbereit.

Zerbrich nicht, Leningrad!
In dieser Stunde
Erhoffen wir von dir den roten Sieg.
Du bist die Sehnsucht,
Die uns niemals schwieg,
Du, unsrer Zukunft hoffnungsfrohe
Kunde.
Wir tragen deinen Namen, deine Wunden,
Dein Schicksal tragen wir und deine Not.
Und wenn wir sterben müssen,
Klingt im Tod
Dein Name uns als letztes Wort vom
Munde.

Unsterblich sind wir, Leningrad, in dir,
Der Zukunft freies Arbeitergeschlecht.
Doch, wenn du fällst,
Mit dir auch fallen wir.
Doch, Du mußt leben, ewig wie das Recht,

Du kühne Stürmerin, Du, Lenins Stadt, Du Sozialismus und Du Menschenrecht.

geschrieben 1942

Wir alle wissen heute, der „rote Sieg“, den Walter Küchenmeister erhoffte, kam.
Aber zwischen diesen Zeilen der „Cantate Leningrad“ und dem Tag der Befreiung am 8. Mai 1945 lagen noch Tage voller Schrecken.
Von den zahlreichen überlieferten Greueltaten der deutschen Faschisten wollen wir als einzige – stellvertretend für alle übrigen – die im französischen Oradour geschehene wiedergeben:

„Der 10. Juni 1944 war ein Samstag, und in Oradour-sur-Glâne herrschte großer Betrieb. Aus Limoges waren die üblichen Wochenendgäste eingetroffen, und da gerade eine neue Zuteilungsperiode für Tabak begann, hatten sich Händler aus allen Teilen der Gemeinde eingefunden, um ihre Ware in Empfang zu nehmen.
Überall saß man noch gemütlich nach dem Mittagessen beisammen, als um 14.15 Uhr ein großer deutscher Militärkonvoi auf der nach Limoges führenden Straße herangebraust kam und im unteren Teil des Dorfes parkte. Die Soldaten trugen Stahlhelme und die bekannten gelbgrünen Tarnanzüge, wie sie von so vielen Waffen-SS-Einheiten benutzt wurden. Einige Fahrzeuge fuhren noch weiter ins Dorf hinein und hielten dort.
Kurz nach ihrer Ankunft ging ein Ausrufer durch die Straßen und verlas einen Befehl, wonach sich alle ohne Ausnahme – Männer, Frauen und Kinder – sogleich mit ihren Ausweisen auf dem Marktplatz einzufinden hatten. Gleichzeitig durchsuchten die Deutschen jedes einzelne Haus; sie holten alle Bewohner heraus und brachten sie zum Sammelplatz. Auch von den Feldern trieb man die Menschen zusammen, und viele wurden dabei erschossen. Die Bewohner von Einzelgehöften und Einwohner benachbarter Siedlungen mußten sich ebenfalls auf dem Marktplatz versammeln.
Zufällig waren an jenem Nachmittag alle Schulkinder von Oradour – 191 an der Zahl – in verschiedenen Schulgebäuden versammelt, da eine ärztliche Untersuchung stattfinden sollte. Der deutsche Truppführer erklärte, man befürchte, daß es in dem Dorf zu einer Schießerei kommen könne; alle Kinder sollten daher in der Kirche in Sicherheit gebracht werden. Mit dieser beruhigenden Versicherung konnten die Kinder und ihre Lehrer dann auch ohne irgendwelche Zwischenfälle dorthin gebracht werden – mit Ausnahme eines kleinen Flüchtlingsjungen namens Roger Godrin aus Lothringen, der schon Erfahrungen mit deutschen Truppen gemacht und zu einem seiner Freunde sagte: ‚Das sind Deutsche. Die kenn ich. Sie werden uns etwas tun. Ich will versuchen abzuhauen.‘
Auf irgendeine Art gelang es Roger Godrin, sich von den andern zu entfernen, und nachdem er sich eine Weile im Schulgarten versteckt hatte, schlug er sich in die benachbarten Wälder durch. Sechs Stunden später war er als einziger von all diesen Kindern noch am Leben.“

Roger Godrin, das einzige Kind, das das Massaker von Oradour überlebte (Crimes enemis en France, Archiv der F.N.D.I.R.P., Paris)

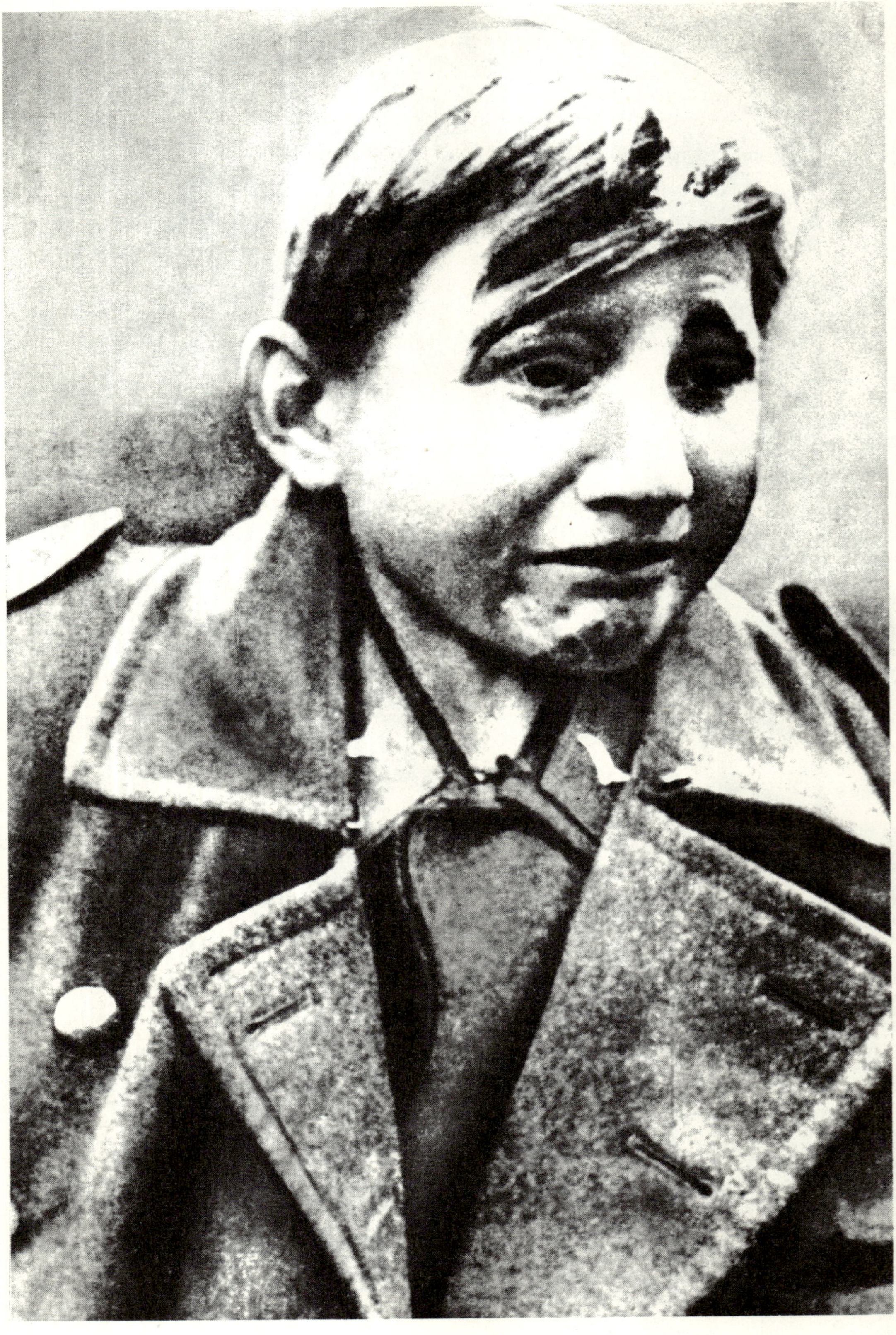

Um diese Zeit, im Juli 1944, war die Niederlage der faschistischen Wehrmacht bereits erkennbar. Da beschlossen Hitlergegner – vornehmlich Offiziere und Adlige –, Hitler zu vernichten. Wäre er erst tot, meinten sie, könnte Deutschland gerettet werden. Claus Graf Schenk von Stauffenberg, Helmut Graf von Moltke und andere stimmten mit den Vorstellungen der Sozialdemokraten Prof. Adolf Reichwein und Julius Leber überein, die inzwischen mit Kommunisten zu gemeinsamer antifaschistischer Aktion gefunden hatten. Es war konsequent und historisch verantwortungsbewußt, daß diese Offiziere die deutschen Truppen an die Reichsgrenzen zurückführen und Frieden mit allen Völkern schließen wollten. Andere Gegner Hitlers, so der ehemalige Oberbürgermeister von Leipzig, Dr. Goerdeler, und der verabschiedete Generalstabschef Beck, suchten dagegen das Bündnis mit den kapitalistischen Staaten, um mit ihnen die Sowjetunion zu zerschlagen, Industrielle unterstützten ihre Pläne.
Stauffenberg brachte die Bombe ins „Führerhauptquartier". Aber das Attentat mißlang. Es wurden Menschen getötet und verletzt. Doch Hitler blieb am Leben. Er nahm grausame Rache an den Attentätern. Stauffenberg wurde erschossen, andere wurden in Plötzensee an Fleischerhaken gehenkt. Und viele Tausende, Kommunisten, Sozialdemokraten, Christen, die nichts mit den Offizieren und deren persönlich mutiger Tat zu tun hatten, wurden ebenfalls ermordet.

„Und was bekam des Soldaten Weib
Aus dem weiten Russenland?
Aus Rußland bekam sie den Witwen-
schleier.
Zu der Totenfeier den Witwenschleier,
Das bekam sie aus Russenland.“

Bertolt Brecht

Mitteilungsblatt des NSLB.

Gauwaltung Hamburg

Nr. 1 Januar Jahrgang 1943

Wir gedenken unserer gefallenen Kameraden!

Für Führer und Volk gaben ihr Leben

Kreis II:
Studienrat Dr. Walter Machleidt
Leutnant, OSfJ. Kaiser-Friedrich-Ufer
geb. 15. 5. 1900 in Hamburg, gef. im Sept. 1942 im Osten

Hilfslehrer Walter Schultz
Gefreiter, Vs. Lutterothstraße 80
geb. 1. 11. 1911 in Hamburg, gef. im Aug. 1940 im Westen

Konrektor Richard Waage
Oberleutnant, Vs. Bogenstraße 34
geb. 30. 9. 1901 in Hamburg, gef. im Sept. 1942 im Osten

Kreis III:
Mittelschullehrer Fritz Hagemann
Leutnant, Schule für Sprachkranke, Carolinenstr. 35
geb. 26. 1. 1909 in Münden, gef. im Juni 1940 im Westen

Lehrer Karl Vetter
Gefreiter, Vs. Bäckerbreitergang 72
geb. 1. 12. 1910 in Hamburg, gef. im März 1942 im Osten

Kreis V:
Studienreferendar Adolf Köhnken
Leutnant
geb. 12. 3. 1910 in Hamburg, gef. im Sept. 1941 im Osten

Studienassessor Hans-Hermann Meves
Unteroffizier, Schule Horner Weg
geb. 8. 9. 1909 in Hamburg, gef. im Sept. 1942 im Osten
Auszeichnungen: EK. II, Panzerkampfabzeichen und Ostmedaille

Kreis VI:
Studienrat Dr. Walter Dietze
Leutnant, Schule Osterbeckstraße 107
geb. 30. 10. 1905 in Hamburg, gef. im Sept. 1942 im Osten
Auszeichnungen: EK. II- Inf.-Sturmabzeichen, Ostmed.

Schulamtsanwärter Ernst Neudahl
Leutnant, Vs. Graudenzer Weg 32
geb. 1. 3. 1914 in Hamburg, gef. im März 1942 im Osten

Studienrat Ulrich Steffen
Schule Amalie-Dietrich-Weg
geb. 6. 1. 1911 in Hamburg, gef. im Febr. 1942 im Osten

Hilfslehrer Alfred Urban
Unteroffizier, Vs. Graudenzer Weg 34
geb. 16. 10. 1907 in Langendreer, gef. im Juli 42 im Osten
Auszeichnungen: EK. I u. II

Kreis VII:
Mittelschullehrer Alfred Roggenbuck
Feldwebel, Ms. Rothestraße 24
geb. 27. 3. 1898 in Lauenbruch, gef. im Aug. 1942 im Osten
Auszeichnungen: EK. II 1914/18, Spange EK. II, EK. I

Kreis VIII:
Hilfsschullehrer Hans Grotkasten
Oberleutnant, Hs. Hindenburgstraße 45
geb. 5. 7. 1899 in Regenbostel, gef. im Sept. 1942 im Osten
Auszeichnungen: EK. II 1914/18, Spange EK. II, EK. I, Kriegsverdienstkreuz II Klasse

Hilfslehrer Georg Seewald
Obergefreiter, Vs. Georgswerder
geb. 12. 9. 1907 in Singlis, gef. im Februar 1942 im Osten
Auszeichnungen: EK. II

Kreis X:
Erzieher Hans-Günter Hoffmann
Unteroffizier, Jugendheim Wulfsdorf
geb. 2. 9. 1909 in Hamburg, gef. im Aug. 1942 im Osten

Lehrer Hans Uhlmann
Obergefreiter, Vs. Volksdorfer Straße 125
geb. 3. 5. 1911 in Hamburg, gef. im Febr. 1942 im Osten

So lange Leute Lande bebauen, überdauert den Tod der Taten Ruhm.

Dann, endlich, kam dank des großen Einsatzes, des unerschrockenen Kampfes der Roten Armee der Sowjetunion der 8. Mai 1945. Der Tag der Befreiung vom Faschismus.

„Als Berlin eine Stadt der Ruinen geworden war, begannen allmählich erst mehr und mehr Menschen zu begreifen, was der Weg vom Reichstag 1933 zum Reichstag 1945 geschichtlich bedeutete."

Alexander Abusch – 1973

Es hatte sich bitter bewahrheitet, was auf der Berner Konferenz formuliert worden war:
„Die Politik des Hitlerfaschismus ... bedroht die Existenz des deutschen Volkes."

Hätten doch mehr Deutsche rechtzeitiger
auf all jene Worte einer Rosa Luxemburg,
eines Karl Liebknecht,
eines Ernst Thälmann geachtet,
wenn sie von dem unseligen Zusammenhang
von Profit und Krieg, Finanzkapital und
Faschismus sprachen.
Oder wenigstens dem Wort
des großen deutschen Dichters Goethe
vertraut, das Dimitroff während des
Reichstagsbrandprozesses zitierte:

„Lerne zeitig klüger sein ..."

Der Erste Weltkrieg kostete
10 Millionen das Leben.

Der Zweite Weltkrieg brachte
50 Millionen den Tod.

Darum:

„Prüfe die Rechnung,
Du mußt sie bezahlen . . .“

Bertolt Brecht

Aber es gilt noch immer das alte Zitat des englischen Gewerkschaftsfunktionärs Dunning:

„Mit entsprechendem Profit wird Kapital kühn . . . für 100 % stampft es alle menschlichen Gesetze unter seinen Fuß; 300 %, und es existiert kein Verbrechen, das es nicht riskiert.“

Weil es noch immer in einem großen Teil der Erde Besitzende gibt, die

„ihr Allerheiligstes, ihren Profit und ihr Vorrecht auf Ausbeutung, mit Zähnen und mit Nägeln . . . verteidigen . . .“

Lernen wir am Ende unseres zwanzigsten Jahrhunderts doch, angesichts seiner zwei Weltkriege, dieses

„zeitig klüger sein . . .“

Fotomontage John Heartfield

Seite 52 **Antibolschewistische Liga** Organisation zur Verbreitung antikommunistischer und antisowjetischer Propaganda, gegründet und mit großen Geldsummen unterstützt von Industriellen und Großagrariern.

Seite 53 **Umlage** Ständige Beitragszahlung an die Faschisten.

Seite 53 **Freikorps** Militärische Formationen zur Niederschlagung der revolutionären Arbeiter mit Waffengewalt; gebildet aus Resten der ehemaligen kaiserlichen Armee. Die Freikorps gehörten nicht zur Reichswehr der Weimarer Republik.

Seite 59 **Noske** Rechter Politiker der SPD; sorgte in Norddeutschland, wo die Revolution ihren Ausgang nahm, für ihre blutige Niederschlagung.

Seite 60 **Nationalversammlung** Bezeichnung für die Versammlung von gewählten Abgeordneten des Volkes; die Mehrzahl der Abgeordneten in Weimar entsprach nicht dem Volkswillen nach revolutionären Veränderungen.

Seite 69 **Diktator** Unumschränkt herrschender Gewalthaber.

Seite 69 **Bewegung** Die faschistische Partei – NSDAP – nannte sich mit Vorliebe „Bewegung". Sie wollte den Eindruck erwecken, daß nur von ihr – und nicht von anderen Parteien – Impulse ausgehen zum Wohle des deutschen Volkes.

Seite 71 **Putsch** Gewaltsamer Versuch, die bestehende staatliche Macht zu zerschlagen.

Seite 82 **Rassenmythos** Ein Mythos ist die erdichtete Erzählung über Helden und Götter der frühen Menschheitsgeschichte; jedes Volk besitzt eigene Mythen. Der faschistische Rassenmythos ist die jeder wissenschaftlichen Grundlage entbehrende Behauptung von der Überlegenheit der Arier, die mit mythologischen und aus der Sagenwelt entnommenen Argumenten gestützt werden sollte. Der „Rassenmythos" diente den Faschisten (ebenso wie der Nationalismus) zur Vorbereitung des deutschen Volkes auf die von ihnen im Krieg beabsichtigten Verbrechen an anderen Völkern.

Seite 82 **Doktrin** Unumstößliche Lehrmeinung, die keinen Widerspruch duldet.

Seite 82 **Arier,** arisch Angehöriger einer großen Sprachfamilie, deren Vertreter zur Zeit des Auftauchens schriftlicher Zeugnisse von Europa bis Indien verbreitet waren. Darunter die Germanen, denen die deutschen Faschisten eine dominierende Stellung zusprachen. Im

Sinne des Rassenmythos wurden die Arier von den Faschisten zur „Herrenrasse“ erklärt; sie versuchten damit, die Vernichtung anderer Menschen zu rechtfertigen.

Seite 83 **Antisemitismus** Gegen die Juden gerichtete Einstellung.

Seite 86 **Boykott** Politische und wirtschaftliche Zwangsmaßnahmen; hier: zur Schädigung jüdischer Deutscher.

Seite 86 **SA** („Sturmabteilung“) Terrororganisation der Faschisten zur Bekämpfung politischer Gegner, vor allem der Arbeiter.

Seite 86 **SS** („Schutzstaffel“) Faschistische Organisation zur Ausübung von Gewalt und Terror. Angehörige der SS waren es vor allem, die in den zahlreichen Konzentrationslagern Menschen bestialisch ermordeten.

Seite 95 **Reichstag** Das Versammlungsgebäude des Parlaments in unmittelbarer Nähe des Brandenburger Tores.

Seite 96 **Aufsichtsrat** Organ zur Leitung eines großen kapitalistischen Betriebes.

Seite 96 **Finanzkapital** Ergebnis der Vereinigung von Bankkapital und Industriekapital zur gemeinsamen Stärkung ihrer ökonomischen Macht. Das Finanzkapital nimmt gezielten Einfluß auf die Art der Politik des Staates.

Seite 109 **Monopolkapital** Das Monopolkapital ist das ökonomische Hauptmerkmal des Kapitalismus im 20. Jahrhundert. An die Stelle vieler industrieller Unternehmer sind einige wenige getreten. Sie üben die Alleinherrschaft über ganze Industriezweige aus.

Seite 109 **Hugenberg, Scholz, Brüning** Alle drei waren reaktionäre Politiker, sie verhalfen der NSDAP zu jenem Ansehen, das es den Monopolkapitalisten ermöglichte, die Faschisten an die Macht zu bringen.

Seite 109 **„Der Führer“** Gemeint ist Adolf Hitler; dem Charakter des Faschismus entsprach es, eine Person mit besonderen demagogischen Fähigkeiten zum Repräsentanten der Diktatur auszuwählen. Ziel war es, das ganze Volk uneingeschränkt zu beherrschen und in die Vorbereitung und Durchführung des Krieges einzubeziehen.

Seite 110 **Marxismus** Die von Karl Marx und Friedrich Engels erarbeitete wissenschaftliche Weltanschauung; sie vermittelt der Arbeiterklasse die Theorie zur Befreiung von Ausbeutung und Unterdrükkung.

Seite 112 **außerparlamentarischer Kampf** Er soll die Ziele einer politischen

Organisation oder Partei außerhalb des Parlaments im Rahmen der Gesetzlichkeit tatkräftig unterstützen. Die KPD nutzte diese Form des Klassenkampfes u. a. im Widerstand gegen den Faschismus.

Seite 112 **Staatsstreich Siehe Seite 71 Putsch.**

Seite 114 **autoritäre Staatsführung** Die ständige Ausübung von Gewalt gegenüber jedem, der andere politische Ziele verfolgte als die des faschistischen Staates.

Seite 114 **„Kampf gegen Versailles“** Gemeint ist der Friedensvertrag von Versailles.

Seite 115 **„Stahlhelm“ „Bund der Frontsoldaten“;** gegründet im Jahre 1918; pflegte nationalistische Ideen, die den „Wehrwillen“ der Bevölkerung wecken sollten.

Seite 118 **„Reichsbanner“** Militärisch organisierter Kampfbund von Sozialdemokraten und ihnen Nahestehenden mit dem Ziel, die Republik gegen jeden Umsturzversuch mit der Waffe zu verteidigen. Eine Zusammenarbeit mit der KPD wurde abgelehnt.

Seite 127 **„Vorwärts“** Die führende Zeitung der SPD.

Seite 142 **Kommuniqué** Für die Öffentlichkeit bestimmte Mitteilung.

Seite 142 **Linkskreise** Gemeint sind Gruppen, die gegen eine faschistische Regierung sind. Die Bezeichnung „links“ leitet sich her aus der Sitzverteilung der Abgeordneten des Reichstages. Die fortschrittlich eingestellten saßen – vom Parlamentspräsidium aus gesehen – auf der linken Seite des Tagungssaales. Die Faschisten bezeichneten alle Gegner, gleich welcher politischen Auffassung, als „Linke“.

Seite 143 **Kommunistische Internationale** (KOMINTERN) Gegründet im Jahre 1919 in Moskau; ein Zusammenschluß der nach der Oktoberrevolution in vielen Ländern entstandenen kommunistischen Parteien.

Seite 143 **individueller Terror** Ausübung von Gewalttaten; wurde von der kommunistischen Partei konsequent abgelehnt.

Seite 144 **Freidenkerverband** Zusammenschluß von Gegnern religiöser Vorstellungen; viele Mitglieder waren gegen den Faschismus.

Seite 144 **Konsumvereine** Sie waren gegründet worden mit dem Ziel, die Produkte direkt beim Erzeuger zu erwerben und an die Arbeiter weiterzuverkaufen – ohne die sonst üblichen, am Verkauf verdienenden Händler.

Seite 148 **Phrase** Leere Redensart, Floskel; die Faschisten bedienten sich in ihrer Propaganda häufig der Phrase. Ein Beispiel ist die vom „nationalen Sozialismus“.

Seite 153 **Batterie** Eine Artillerieeinheit.

Seite 158 **Blockwart** Faschistischer Funktionär. Er sollte zuständig sein für soziale Probleme, war in Wahrheit oft ein Spitzel in seinem Wohnbereich.

Seite 161 **Eisernes Kreuz** Preußische Kriegsauszeichnung; ursprünglich für den nationalen Befreiungskampf im Jahre 1813 gestiftet (Entwurf von Karl Friedrich Schinkel); es wurde im 20. Jahrhundert zum Symbol des deutschen Militarismus.

Seite 176 **„KdF“, „Kraft durch Freude“** Auch mit dieser Organisation wurde auf die Freizeitgestaltung der Werktätigen Einfluß genommen. Um den Anschein fürsorglicher Betreuung zu wahren, wurden Reisen in andere Länder beziehungsweise innerhalb Deutschlands veranstaltet.

Seite 183 **„Winterhilfswerk“** Die Faschisten gründeten im Winter 1933 diese sogenannte „Hilfsaktion“ und forderten zur ständigen Spende für Notleidende auf; es sollte der Bevölkerung das Gefühl verbindender Gemeinsamkeit vermittelt werden; auch mit dieser Aktion sollte die Phrase vom nationalen Sozialismus aufrechterhalten werden.

Seite 186 **Arbeitsdienst** Junge Frauen und Männer wurden zu körperlich schwerer Arbeit verpflichtet: in Fabriken, auf Bauernhöfen, zur Trockenlegung von Sümpfen ... Die zu gering bezahlte Arbeit diente der allgemeinen Vorbereitung des faschistischen Krieges.

Seite 195 **Dolores Ibárruri** Spanische Arbeiterführerin.

Seite 203 **Legion Condor** Militärische Einheit der deutschen Faschisten; gegründet, um auf seiten Francos in den Spanischen Bürgerkrieg einzugreifen.

Seite 208 **Aktien** Wertpapiere, die über finanzielle Anteile an einem Betrieb Auskunft geben. Jede Aktie entspricht einem festgelegten Geldbetrag.

Seite 210 **autonom** Selbständig, unabhängig.

Worterklärungen

Seite 5 **Kapital** Vom Kapitalisten eingesetzter Wert – z. B. Geld, Maschinen, Fabrikräume usw. – zur Erzeugung eines Mehrwerts durch die Lohnarbeiter.

Seite 5 **Profit** Gewinn des Kapitalisten durch Aneignung des von den Lohnarbeitern geschaffenen Mehrwerts.

Seite 14 **Investition** Materielle und finanzielle Aufwendung für die Schaffung neuer und für die Erhaltung bestehender Produktionsanlagen durch den Kapitalisten; hier: in den Kolonien, wo Arbeitskräfte und Rohstoffe billiger waren als im sogenannten Mutterland.

Seite 20 **Skagerrak** Zwischen Jütland, Norwegen und Schweden gelegener Teil der Nordsee; hier fand im Jahre 1916 eine der verlustreichsten Seeschlachten des I. Weltkrieges statt. Deutsche und britische Kriegsschiffe lagen sich gegenüber.

Seite 29 **Nationalismus** Überbewertung der eigenen Nation; der Nationalismus wurde von den Kapitalisten geschürt, um die Bevölkerung des eigenen Landes aufzuwiegeln zu Feindseligkeiten gegen andere Völker und Nationen.

Seite 29 **Großagrarier** Besitzer riesiger landwirtschaftlicher Nutzflächen (auch Großgrundbesitzer oder Junker genannt).

Seite 32 **Annexion** Gewaltsame Inbesitznahme fremden Landes.

Seite 42 **Generalstreik** Form des Klassenkampfes im Kapitalismus, bei der die Werktätigen in allen wichtigen Bereichen der Produktion und des Verkehrs landesweit die Arbeit niederlegen.

Seite 44 **Bolschewismus** (dem Russischen entlehnt: bolschinstwo = Mehrheit) Die um Lenin gescharten Marxisten erhielten im Jahr 1903 bei den Wahlen zur Parteiführung der Sozialdemokratischen Arbeiterpartei Rußlands die Mehrheit, sie wurden nunmehr Bolschewiki genannt. Aus dieser Mehrheit ging später die KPdSU hervor. – Hier: von den Feinden der Arbeiterklasse in abwertender Bedeutung gebraucht.

Seite 44 **Räte** Die von revolutionären Arbeitern, Bauern und Soldaten gewählten Vertreter bildeten Räte, um Maßnahmen zur Weiterführung der Revolution zu treffen.

Seite 46 **Gegenrevolution** (auch: Konterrevolution) Darunter werden alle dem revolutionären Fortschritt entgegenstehenden Kräfte verstanden, die sich zusammenfinden, um die Revolution mit blutiger Gewalt niederzuwerfen.

Seite 215 **Protektorat** Schutzherrschaft; Form der nationalen Unterdrükkung schwächerer Staaten durch einen als „Beschützer“ auftretenden stärkeren.

Seite 227 **Rationierung** Zuteilung knapp gewordener Waren.

Seite 235 **Pogrom** Von der herrschenden Klasse gezielt organisierte gewalttätige Ausschreitungen gegen politisch Andersdenkende oder gegen religiöse Gruppen; die Faschisten bedienten sich des Pogroms gegen die jüdischen Deutschen, sie schürten Rassenhetze und Rassenhaß und setzten die Juden brutaler Gewalt und Ächtung aus.

Seite 235 **Garten Eden** Nach der christlichen Legende: das Paradies; die Faschisten wollten aus den von ihnen überfallenen Territorien ein „Paradies“ für sich selbst schaffen, was nur auf Kosten der dort angesiedelten Bevölkerung möglich war.

Fotos:
ADN 59
Akademie der Künste der DDR/Heartfield 6
Archiv Kinderbuchverlag 5
Walter Ballhause 2
Berliner Stadtbibliothek – Peter Hein 9
Deutsche Fotothek Dresden 3
Deutscher Verlag der Wissenschaften 1
Institut für Marxismus-Leninismus 3
Dietz Verlag 1
Jüdische Gemeinde – Peter Hein 5
Museum für Deutsche Geschichte 35
Pädagogische Zentralbibliothek – Peter Hein 6
Erich Rinka 1
Staatliches Filmarchiv der DDR 2
Städtische Kunstsammlungen Görlitz 3
Walter Danz 1
Staatliche Museen zu Berlin, Kupferstichkabinett
und Sammlung der Zeichnungen 1

Gesamtgestaltung: Horst Wendt

Karten: Wolfgang Mühlberg

ISBN 3-358-00209-8

2. Auflage 1987

Lizenz-Nr. 270/372/87
Gesamtherstellung: Karl-Marx-Werk Pößneck V 15/30
LSV 7810
Für Leser von 12 Jahren an
Bestell-Nr. 631 722 2
01280